男のパスタ道

土屋 敦

JN284079

日経プレミアシリーズ

プロローグ　求道者のパスタ

正解はどれだ？

おいしいパスタを作りたい。その一念だけでこの本を書いた。

パスタを作るひとつひとつの工程を検証して、最善の方法を探る。それを積み重ねることで、とびきりのパスタを完成させる。これが本書の目的だ。

おそらくもっとも重要なのは、パスタをどうゆでるべきか、ということだ。あらゆるパスタ料理に共通する工程であり、料理本・雑誌やインターネット上には、実にさまざまなアドバイスが溢れている。ただし、ゆで汁に塩をたっぷり入れろ、いや入れなくてもいい。塩は水が沸騰してから入れろ、いや最初に入れるんだ。岩塩を使え、いや海塩だ……。相反する意見が並び、正解を見つけるのは難しい。

私も以前、オールアバウトという生活情報サイトで「塩を入れないでパスタをゆでるとどうなるか」という記事を書いたが、これは非常にたくさんの人に読んでいただいた。「パスタと塩」問題に関心を持ち、正解を求める人は多いのだ。

塩がパスタのコシを生む、という解説もよく見かける。理由として挙げられるのは、「塩を入れると沸点が上がるから」「塩がパスタのグルテンを引き締めるから」など、さまざまである。しかしよく考えると、沸点は何度上がり、それがどういう形でパスタに影響を与えるのか？　グルテンはどんな性質を持っていて、具体的にどう「引き締められる」のか？　分からないことだらけだ。

さらに突き詰めれば、そもそもパスタの「コシ」とはどういう状態を指すのか、という当然の疑問に至る。それで気づいたのは、コシという言葉をきちんと定義したうえで使っている人がほとんどいないという事実だった。

我々はどういう状態のパスタをおいしいと感じ、それはなぜなのか。そこまでさかのぼって納得したい。となると、パスタの原料である小麦の特性、パスタの製法、小麦の成分の熱変性まで、あらゆることを自分で調べざるをえない。

書斎派パスタ求道者

本書の執筆をはじめてから、私はちょっと自虐的に「書斎派パスタ求道者」を名乗っている。家にこもり、さまざまな文献・論文を読み、理解したことをもとに仮説を立て、キッチンで実験し、試食し、調理法を改善し、疑問が生じればさらに論文をあさる。こうしたことを延々と行っていたからだ。

はたから見れば、どうでもいいような実験をくり返している。塩の量でパスタの歯ごたえがどう変わるか、という実験はもちろん、パスタを水からゆでるとどうなるか？　電子レンジでチンでは無理なのか？　スパゲッティなどのロングパスタはどの程度の長さが食べやすいのか？　昔の南イタリア庶民のようにパスタを手で食べるとどんな気持ちがするのか？　など、おそらく世のパスタ好きでもやっていないような奇妙な実験もやっている。

しかし、いくつかの実験からは大きな収穫もあった。

例えばパスタの原料であるデュラム小麦からタンパク質とデンプンを取り出して、それぞれゆで、何が起きているのかを観察した。その過程で、麺の食感について、そしてコシとアルデンテの違いについて、明確に再定義できた。

ゆでるという行為ひとつとっても、それを理解するには科学的アプローチが不可欠だ。実験をくり返すなかで、インターネット上の記述だけでなく、パスタに関する本やプロであるシェフたちの解説にも間違いが多く、料理の世界がいまもさまざまな迷信にとらわれていることを思い知った（加えて言えば、私自身が過去に書いたインターネット上の記事にも、訂正・加筆が必要なことが判明した）。

この本には、既存の「パスタ本」に載っていないことが、たくさん書いてある。特に最後に記したペペロンチーノのレシピは、これまで書かれてきたものとはまったく違う新しいものであると自負している。

ゆで方についても、ものすごく細かな部分までいちいち検証することで、多くの迷信を吹き飛ばすことができたと思う。まだ仮説の部分もあり、精度の高い機械で専門家によって検証してもらう必要はあるが、パスタ愛好家同士のさまざまな議論に対する最終回答に近いところまでいったのではないだろうか。

ただし、なにしろ実験環境は家のキッチンである。結果がほかの要因に左右されていたり、素人である私の解釈が間違っている場合もあるだろう。それでも間違いを恐れずに自分なりの結論を出してみた。

専門家の論文でさえ、ほかの研究者の追試をへて、ようやく認められていく。読者の皆さんも、ぜひ本書の実験を追試してもらいたい。そして間違いがあったら連絡してほしい。それがくり返されてレシピが修正されれば、パスタ愛好家の力で日本のパスタはどんどんおいしくなっていく。それこそが、私の望みである。


そんなのどっちでも同じよぉ〜


「たかがパスタに対して、そこまですることないんじゃない？」

ここまで読んだだけで、そう感じた人がいるかもしれない。

実際、身近なところでもあきれられた。「いまパスタをゆでてるから無理！」と誘いを断った友人たち、仕事依頼を断った仕事相手にも。キッチンを夫に占領されたうえ、和食好きなのにパスタを食わされつづけた妻にも。

実はそんな声は、自分の心の中からも聞こえていた。特にニンニクを炒めたあとの油を飲んで比較する実験や、唐辛子の果皮や種の試食は、ほとんど苦行だった。実際気分が悪くなり、お腹が痛くなることもあった。しばし布団にうずくまり、それでも、どんな油を選び、唐辛子をどう扱うべきかつらつらと考えていると、

「そんなの、どっちでも同じよぉ〜」

という声が、なぜか料理愛好家・平野レミさんの声色とイントネーションで響いてくるのだ（取材でレミさん宅に一度おじゃましたことは私の自慢である。簡単なのにおいしいレシピ。彼女がまとう雰囲気の明るさ。それでいて一本筋の通った料理に対する考え方。まったく裏表のないおおらかな性格。本当に尊敬している）。

「たしかにどっちでもいいかも……」

そう思いそうになるところをグッとこらえ、前へ突き進むのが求道者たるものの矜持。いやむしろ自虐的な性格ゆえ、敬愛する平野レミさんに「バカねぇ〜」と言ってもらいたくて、とことん突き詰めているのかもしれない。

というわけで、手元に中学・高校の化学の教科書を置いて、デンプンやら脂肪酸やらの分子式と格闘しつつ（本書にもそれに関する記述が少し出てくるが、ド文系の私でも理解でき

たのでご安心を)、パスタやオリーブオイルの構造や成分、あるいは味を受容する人間の細胞内の様子についてまで調べた。一方、それらの生産法の変遷や受容の歴史、つちかった文化なども勉強した。

こんなふうに、いささか滑稽であるかもしれないが、本書のタイトルである「男のパスタ道」を邁進している自負はある。

本書で検討するパスタ料理は、ペペロンチーノ、ただひとつだ。ペペロンチーノにはパスタの基本のすべてがあると言っていい。ペペロンチーノを極められれば、パスタ料理を理解し、すべてのパスタ料理をおいしく作る基礎ができる。その意味で本書は、「パスタ道」の入門編である。

求道的なパスタ

私たちが「ペペロンチーノ」の名で親しんでいるパスタ料理は、正式にはスパゲッティ・アーリオ・オーリオ・エ・ペペロンチーノ(spaghetti aglio, olio e peperoncino)と言う。アーリオ=ニンニク、オーリオ=油、ペペロンチーノ=唐辛子が入ったスパゲッティという意味だ。

日本ではアーリオ・オーリオと呼んだり、ペペロンチーニ（唐辛子の複数形）と呼ぶこともあるが、本書ではペペロンチーノでとおすことにする。

パスタ料理の名前には、カルボナーラ（炭焼き風）、プッタネスカ（娼婦風）、カチャトーラ（猟師風）といった職業に由来する名前や、ボロネーゼ（エミリア・ロマーニャ州の町ボローニャ風）、アマトリチャーナ（ラツィオ州の町アマトリーチェ風）といった地方性・郷土性を感じさせるものも多い。

それに比べてアーリオ・オーリオ・エ・ペペロンチーノは、ただ単に材料名を並べただけ。きわめてシンプルなネーミングだ。しかし、そのシンプルさこそ、ペペロンチーノの特性を象徴しているように思う。

パスタをゆで、ニンニクと唐辛子を入れたオイルソースにからめるだけ。味付けにも塩しか使わない。非常に短時間で作れる。あまりに簡単なので、イタリアでもレストランで出す料理というよりは、家庭料理という位置づけだ。

ただ、シンプルなぶん奥が深いとも言える。どんなパスタを選ぶか。どんな水や塩を使い、どれくらい入れるか。ニンニクはスライスするのか、つぶすのか。どこの産地の唐辛子を使うか。どんな鍋を使って何分間ゆでるか……。細かな差異が、料理の出来にストレートに反映される。

ペペロンチーノには、ほかのパスタ料理と決定的に違う点がある。チーズやアンチョビ、あるいはクリームやバターなど、旨味やコクの強い食材を使わないことだ。旨味などに頼れないから、味のごまかしがきかない。素材の持つ力、例えばパスタに使われた小麦の味の違いすら見えてしまう料理なのだ。

実際、チェーンの格安レストランほど、シンプルなペペロンチーノを出さない。マーケティング上の理由もあるだろうが、安い食材を使っているため素材勝負を避けたいという理由もあるのではないか。

食材を最低限にしぼり込んだうえで、味をどこまで極めていくか。いわば「引き算」の料理であって、蕎麦打ちに通じるものがある。この本で極めていきたいパスタ道にぴったりの「求道的なパスタ」だと言えるのである。

ペペロンチーノは料理の入り口

ペペロンチーノは求道的なパスタでありながら、実は入り口のハードルが低い。それゆえパスタ道入門編にぴったりだ。

まず、使う食材が簡単に手に入り、鮮度が落ちにくいものばかりなので、常備しておくことができる。適当に作ってもそこそこおいしく、単純な料理であるがゆえ失敗が少ない。初心者が挑戦しやすいのだ。

調理時間も短く、入手困難な高級食材を使うわけではないので、失敗してもまたすぐチャレンジできる。試行錯誤をくり返しつつ、その味を追求していけるのだ。これが仔羊のすね肉を30種類のスパイスとともに5時間も煮る料理であったら、時間もお金もかかりすぎて、決して求道の楽しみを見出すことはできないだろう。

私自身、ペペロンチーノは料理人生の入り口だった。一人暮らしだった学生時代、しょっちゅう作るようになったのは、スーパーで生鮮品を買わなくても、家に常備してある食材で、思い立ったらすぐ気軽に作れるからだ。

あまりにハードルが低いのでフラフラと迷い込んだわけだが、何度も作るうちに、よりよい品質の食材を使ったり、作り方を工夫したりすると、仕上がりのおいしさが歴然と変わることに気づく。以来、ペペロンチーノに夢中になった。

最初はパスタを変えることからはじまった。貧しく夜型の生活だった学生のころは、とにかくいちばん安いもの、あるいは夜中にコンビニで買えるものしか選択肢がなかった。それが、例えばディ・チェコ（イタリアのメーカー）のスパゲッティを使って、国産パスタにはない独特の香りと食感に驚いたり、イタリアでいちばん売れているという噂を聞いてバリラのスパゲッティを使ってみたり。

製品によって味がまったく違うのだと分かり、どんどんマイナーなメーカーのものを試すようになった。いまからもう20年も前の話だが、90年代はイタリアからパスタの輸入が急増した時期でもあり、いまほどではないにせよ、少し探せばさまざまなパスタを買えた。当時、オンライン上ではすでにマニアたちが、どのパスタが美味か、熱い論争をくり広げていたのだ。

麺の太さも直径2ミリ以上の太いものから、1・2ミリ程度の細いものまで使って比較したし、オリーブオイルもさまざまなものを試した。

そこまでいくと、製品を変えるだけでは満足いかなくなる。水の量、塩の量、火力、ゆで時間など、調理方法も変えた。もっともおいしくゆでる方法を見つけ出すためである。いまから考えると、科学的でない不毛な試行錯誤も多かった。おいしくなるという結果より、工夫すること自体が楽しかったのだ。

私が料理の面白さに出会い、それを仕事とするまでになったきっかけは、ペペロンチーノだったとも言える。ペペロンチーノの持つ、簡単に作れる気軽さと工夫する楽しさのおかげで、いまの自分があるのかもしれない。

世界一長いレシピ

さて、当時よくペペロンチーノを作っていたのは、飲み会のあとに小腹が減ったとき（飲み屋からの帰り道でラーメンが食べたくなる人は多いと思うが、あの感覚でペペロンチーノを作って食べていた）。それから家に友達を呼んで飲んだときだ。イタリアの都市部でもそういった食べ方をされることが多いという。

一人のときは、大学の授業やアルバイトの時間が迫り、大急ぎでペペロンチーノをサササッと作ってかきこむことも多かった。また現在は、深夜のバーでペペロンチーノが食べたくなり、作ってもらうことも多い。

その意味で、ペペロンチーノは興奮や喧騒、慌ただしさといった印象と切り離せない。ニンニクの匂いや唐辛子の辛味と相まって、「気持ちをたかぶらせる刺激的なパスタ」というイメージが強いのだ。多くの方が同意してくれると思うのだが、ペペロンチーノは、ゆったりとした休日、田舎に出かけて自然の中でのんびりと食べるような、癒し系の味ではないだろう。その意味で都会的な味であると言えるかもしれない。

実は、化学的側面から見ても、ペペロンチーノは刺激的なパスタである。その理由については第6章で解説するが、ここではペペロンチーノが刺激的な食べ物であることを頭の隅に入れておいてほしい。

そのパスタがどんな料理であるかによって、目指すゴールは違ってくる。ペペロンチーノが刺激的なパスタだと定義することで、それに合わせてパスタのゆで方や塩加減も変わってくるのだ。本書の第1〜4章の「パスタのゆで方」は普遍的な内容ではあるが、最終的には

「刺激的なパスタのためのゆで方」にグッと的をしぼった。

＊＊＊

見方を変えれば、この本は全体がひとつの「ペペロンチーノのレシピ」だと言える。通常のレシピでは、ひとつの手順は10〜50字程度だ。例えば、よく「手順①　鍋に塩と水を入れて沸騰させ、パスタをゆでる」などと書かれているが、本書でその部分に該当するのは第1章〜4章で、なんと8万字を費やしている。同様に、第5〜7章の、オイルソースをどう作り、どうからめるかだけで6万字だ。

たったひとつの料理に14万字を費やした世界一長いレシピ。あきれはてる方もいるかもしれないが、痒いところに手が届いた（届きすぎた？）このレシピなら、間違いなく、とびきりおいしい一皿が作れるはずだ。

目　次

第　1　章

アルデンテとコシ

デュラム・セモリナと水だけ

ペペロンチーノは食材がシンプルなぶん、パスタそのものの食感が結果を大きく左右する。そこで本章では、パスタの食感について考えてみたい。よく「アルデンテでなきゃおいしくない」とか「パスタにコシがある・ない」とか言われるが、それらはいったい何を意味しているのだろうか？

イタリアには1967年に制定されたパスタ法がある。この法律では、卵を使わない乾燥パスタは、「デュラム・セモリナ（デュラム小麦のセモリナ）」と水だけから作られる、と規定されている。

デュラム小麦とは、古くから地中海沿岸など、温暖で乾燥した地域で育てられてきた小麦の一種である。デュラムはラテン語で「硬い」という意味。その名のとおり、胚乳がガラス質で硬いという特徴がある。

セモリナとは、粗く挽《ひ》いた粉のことである。デュラム小麦の胚乳は硬いため、普通小麦のように細かく製粉できない。このためパスタには伝統的に粗挽き粉が使われてきたのだ。現代技術をもってすれば細かく製粉することも簡単なのだが、パスタ独特の歯ごたえのある食感を生み出すためと、製造工程での扱いやすさから、粗いデュラム・セモリナが使われることがほとんどだ。

パスタの原材料はデュラム・セモリナと水だけ。添加物はいっさい入っていない。ちなみに、国産パスタはもともと強力粉で作られ、デュラム・セモリナが使われるようになったのちも両者が配合されていたが、1985年前後からデュラム・セモリナだけを使う製法に移行していった。いま日本で買えるパスタは、最近増えてきた格安のチュニジア産やトルコ産まで含めて、デュラム・セモリナと水だけで作られたものが大部分を占めている。

分ければ分かる

パスタをゆでる目的は、乾燥したパスタに水と熱を加え、適切な食感と塩加減を与えて、おいしく食べられるようにすることだ。

では、実際にパスタをゆでたとき、パスタの中ではいったい何が起きているのだろう。何がどう変化し、おいしい食感につながっていくのか。

その原理が知りたいのだが、ゆでたパスタをＭＲＩに入れて内部を見たり、組織の変化を化学的に分析したりすることは、家庭のキッチンではとうてい無理だ。そこで思い出したのが、浪人時代、予備校教師がよく口にした言葉だ。

「分ければ分かる」

そう。パスタの成分を分けてみれば、ゆでる過程でどんな変化が起きているのか、少しは見えてくるのではないか。

パスタのパッケージには栄養成分表が載っているが、それを見ると、だいたい炭水化物が70～75パーセント、タンパク質が11～14パーセントを占めている。残りは水や脂肪分などだが、とりあえず全体の8～9割を占める炭水化物とタンパク質に注目すれば、かなりのことが分かるはずだ。

この炭水化物の大部分はデンプン。タンパク質の大部分はグルテニンとグリアジンという物質である。これらをパスタから「分けて」みよう。

実は、小麦からデンプンとタンパク質を取り出すのは難しいことではない。日本人は科学的な知識もない時代から、そうした作業を行い、ある食品を作ってきた。お麩《ふ》である。お麩は小麦タンパクの塊なのだ（最近は、小麦タンパクに、さらに小麦粉や餅粉を加えたものもある）。

そこで、お麩を作るのと同様の作業を、デュラム・セモリナでやってみた。パスタからタンパク質とデンプンを取り出すなんて、最初はちょっとした思いつきにすぎなかった。ところが、実際に分けて、いろんな実験をしてみると、期待していた以上のことが見えてきた。本当に「分ければ分かった」のである。

セモリナと水だけで作ったパスタ生地

グルテンとデンプンを取り出す

デュラム・セモリナは製菓店などで入手できる。それに水を加えてよく練り、生地にする（本章扉の写真）。この生地を細長くして乾かしたものが乾燥パスタだと考えればいい。

さて、このパスタ生地をボウルに移し、水を加えてもむ。生地中のデンプンは水の中に流れ出て、水はミルクのように白く濁る。水が白く濁ったら、この液体は別の容器に移し、生地には新しい水を足してもむ。これをくり返す。

すると最後に、よく噛んだガムみたいにプニュプニュした感触の、黄色い塊が残る。これが「グルテン」と呼ばれるタンパク質だ。生地を練ることで、小麦粉に含まれるふたつのタンパク質、グルテニンとグリアジンがからみ合い、グルテンが形成されたのである（黄色くなるのは、デュラム小麦がキサントフィルという色素を持つためだ）。

こうしてデュラム小麦からタンパク質を取り出せたわけだが、デンプンのほうは、白く濁った液体の中にある。これをどうやって取り出せばいいか？

実はデンプンは、この白い液体に「溶けている」わけではない。溶けている状態というのは、砂糖水や塩水を考えると分かりやすい。砂糖は水分子と結合して、均一に水と混ざりあっている。また、塩（塩化ナトリウム）は、水中でナトリウムイオンと塩化物イオンに分かれて、それを水分子が取り囲んでいる。これが「溶けている（溶解している）」と呼ばれる状態だ。

一方、デンプンは構造がしっかりしているので水には溶けない。単に粒子が水中に広がり、

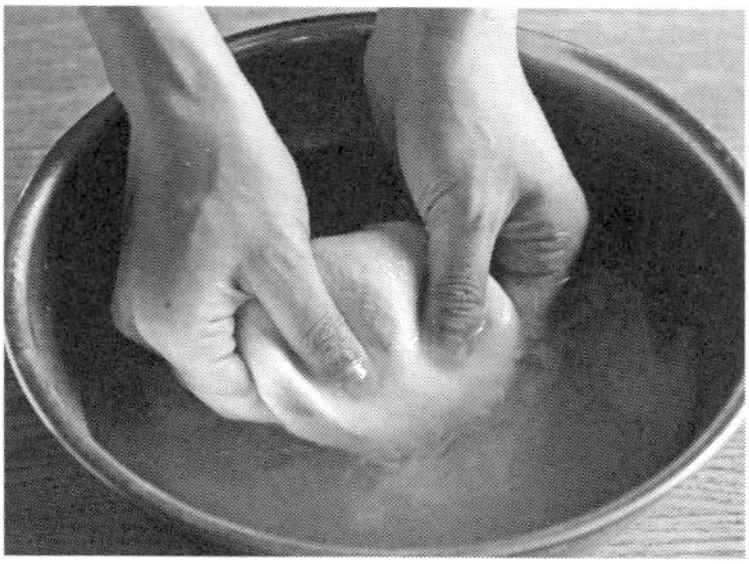

パスタ生地を水の中でもむと、水は白く濁り、最後にグルテンが残る

ただよっているだけ。いわば土と水を混ぜた泥水のようなもので、デンプンは水中に分散しているだけの状態にある。茶色く濁った泥水をしばらく放置すると、水と土に分離する。同じことが、デンプンの混じった白濁液でも起こる。

水溶き片栗粉を思い浮かべてほしい。片栗粉はジャガイモのデンプンだが、水に溶くと、白く濁った液体ができる。しかし、しばらく放っておくと片栗粉が沈殿して、水と分かれてしまう。今回は小麦のデンプンだが、同じ現象が起きる。要するに、デンプンを取り出したければ、放っておけばいいわけだ。

デンプンは粒子が大きいので、白く濁った液体を静かにそのまま置いておくと、やがて底に沈む。そうなったら上澄みを捨て、底にたまったドロドロのデンプンをバットに広げる。あとは乾くのを待つだけだ。

ちなみに、同様の作業を普通小麦で行い、取り出したグルテンをゆでるか蒸すかしたものが生麩《なまふ》であり、生麩を煮てから乾燥させたものが乾燥麩だ。残ったデンプンを乾燥させたものも正麩《しょうふ》と呼ばれ、障子張りの糊に使われたりする。

白い液体が分離したら上澄みを捨て、バットで乾かせば、デンプンが取り出せる

糊化するデンプン

デュラム小麦からタンパク質とデンプンを取り出したところで、それぞれをゆでて、何がどう変化するかを見てみよう。まずはデンプンから。パスタの成分の70～75パーセントを占めるわけで、より食感に関係していそうである。

右記の方法で取り出したデンプンはバットの底で固まっているので、2センチ四方、厚さ2ミリ程度の断片にして、パスタをゆでるとき同様、1パーセント程度の食塩水を沸騰させた鍋に投入する。

白かったデンプン塊は、周囲から徐々に透

明になってゆく。透明になった表面にはヌメリがあり、指で持とうとするとツルツルとすべる。中心部は白く、それを透明なゼリー状の物質が包んでいるような外観になる。

食べてみると、たしかにパスタを想起させる味がする。噛むとネッチリとした粘りがある。歯に抵抗する硬さや弾力も感じられるが、つぶれて歯にくっつく感じだ。一方、白いままの中心部はこうした弾力よりも、硬さを強く感じる。

ほどよくゆでたパスタはプリッとして歯切れがいいが、あれとはずいぶん異なる食感だ。以前、70度ぐらいのお湯でパスタをゆでてみたことがあるが、そのときのネチッとして、とてもおいしいとは言えない食感によく似ている。

では、デンプンに何が起きたのか？

小学校で習った光合成を思い出してもらいたい。小麦は太陽の光エネルギーを使って、二酸化炭素と水からグルコースを作り出し、酸素を放出する。小麦が体内に蓄えたグルコースがつながったものこそ、デンプンなのだ。体内の限られたスペースにできるだけ多く収納したいので、デンプンは密でしっかりした構造になっている。

よりくわしく言えば、デンプンは、グルコースが枝分かれした形でつながったアミロペクチンと、まっすぐ枝分かれせずにつながったアミロースに分けられる。このアミロペクチンが密な結晶構造を作り、そのすき間をアミロースが埋めて、全体で小さな粒になる。「デンプン粒」と呼ばれる状態だ。

アミロペクチンは水に溶けないが、アミロースは温水には溶ける。パスタをゆでると、アミロペクチンのしっかりとした構造が熱でゆるみ、そのすき間に水分子が入り込むのでデンプン粒はふくらむ。一方のアミロースは溶けはじめるが、水へ完全に流出してしまうのではなく、アミロペクチンと離れないまま水分子と結合した形になる。

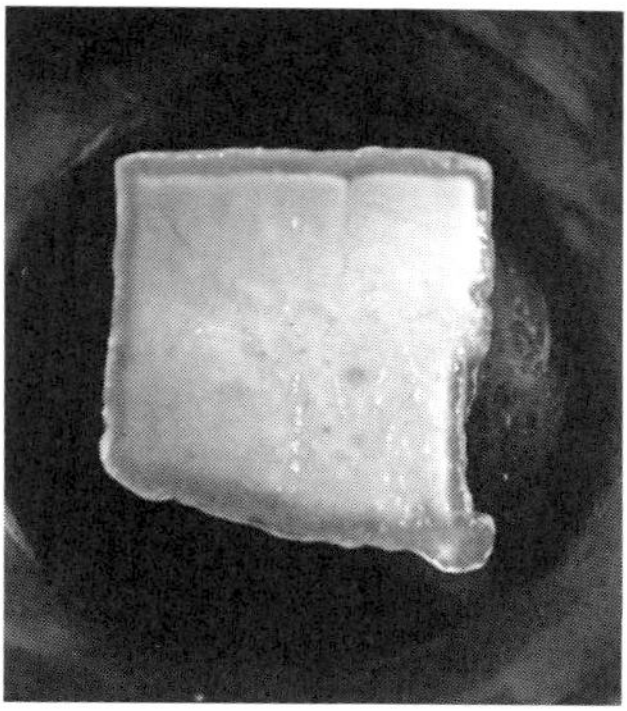

ゆでたデンプンは外周から透明になる

さらに熱を加えつづけると、最終的にはこの構造も壊れる。デンプン粒に温水がどんどん入り込み、水分子の激しい振動にさらされることで、デンプン粒自体が崩壊してしまう。アミロースもアミロペクチンも水の中へ出ていくことになる。

このようにデンプン粒が水を吸ってふくらみ、ついには壊れていく過程を「糊化《こか》」という。文字どおり、糊のようになること。中華料理や和食では、片栗粉や葛粉《くずこ》を使ってとろみをつけることがあるが、あれはジャガイモやクズのデンプンが糊化する現象を利用しているのである。

白いデンプン塊をゆでると糊化した部分が透明になった。これは、デンプン粒が水を吸って分子と分子のすき間が広がり、光の屈折率が低くなったためだ。パスタをゆでると、どんどん透明感を増していくのは、これが原因なのだ。

もち米はなぜ粘るのか

ゆでたデンプンを噛んだとき、ネッチリと歯につくような粘りがあったが、これは水を吸ってふくらんだデンプン粒の摩擦の問題だ。アミロペクチンは枝分かれが多いので、そのぶん複雑にからみあっており、噛んでもお互いに引っかかってスムーズに動かない。この引っかかりが、歯を押し返す弾力や粘りを生む原因なのだ。一方のアミロースはまっすぐにつながっているので、引っかかりは少ない。

アミロペクチンこそ弾力や粘りの正体だということは、もち米を思い出せば納得できるは

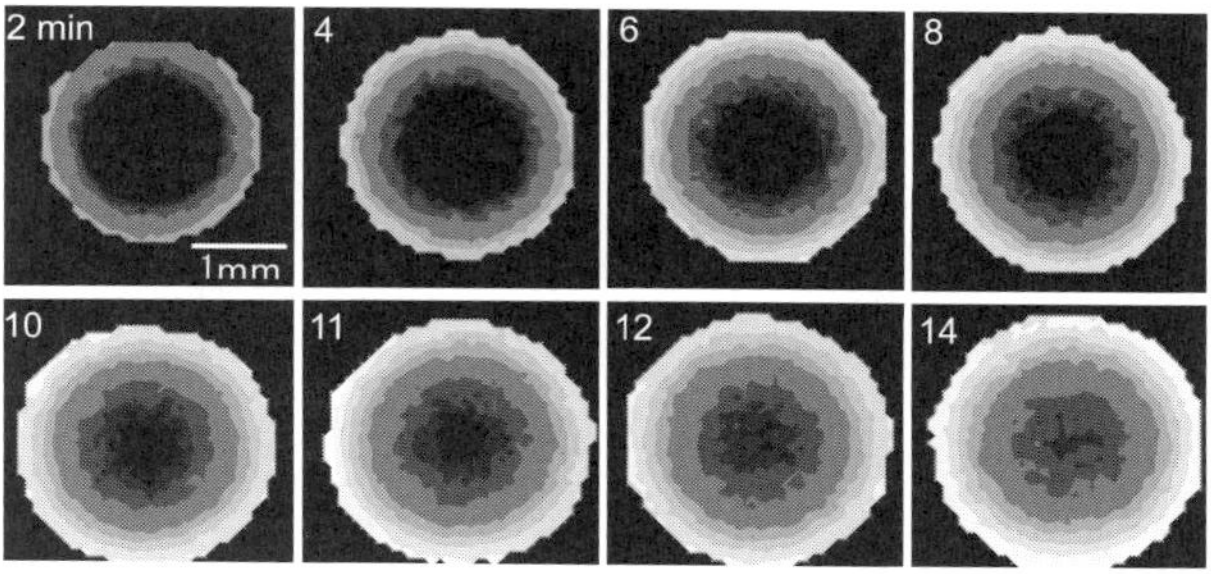

ゆで時間2分から14分までの、パスタの含水率のグラデーション。中心にある含水率40%以下の「芯」がどんどん小さくなっていくのが分かる。（吉田充氏提供）

ずだ。もち米のデンプンは、ほぼアミロペクチンだけでできている。だから、あのモチモチとした食感が生まれる。一方、毎日ご飯に食べているうるち米は、アミロペクチンが7～8割で、アミロースが2～3割。だから、もち米ほど粘らない。

小麦デンプンに含まれるアミロペクチンとアミロースの比率は、うるち米と同程度。たしかに、ゆでたデュラム小麦のデンプン塊を噛んだときの粘りの感触は、（中心部の未糊化部分の硬さを除けば）炊いたご飯粒を噛んだときに似ている。

デンプンの糊化は、外側から内部に向かって徐々にすすむ。お湯にずっと触れていた外周に近い部分はデンプンの構造が大きく崩れてたっぷり水を吸っていても、中心に近い部分には水はまだ少ししか到達していない。

つまり、ゆであがったパスタには、外周部から中心に向かって、徐々に含水率が低くなっていくグラデーションがある。これを「水分勾配」という。

「食品の物性に影響を与える水分分布をＭＲＩで観る」（吉田充、日本食品科学工学会誌第59巻 第9号 ２０１２年9月）を見ると、中心に向かって同心円状に含水率が低くなっていく様子が分かる（前ページ写真）。ほどよくゆでられたスパゲッティの外周部の含水率は80パーセントで、中心部に細く含水率40パーセント以下の部分がある。

デンプン塊をゆでて食べたとき、白いままの中心部に硬さを感じたのは、含水率が低く糊化がすすんでいないために、硬く感じたわけである。

パスタをゆでると、どうしても中心部に含水率の低い部分が残る。その「芯」がどの程度あるかということが、パスタの食感に大きな影響を与えている。

アルデンテを定義する

中心に芯が残る状態と聞いて、「アルデンテ」という言葉が浮かんだ人も多いだろう。先に結論を書いてしまうと、私は「アルデンテとは、パスタの中心部にある含水率40パーセント以下のデンプンに由来する硬い食感」と定義したい。

アルデンテという言葉は、イタリア語で歯を意味する「il dente」に、英語の「to」にあたる前置詞「a」がついたもので、アルデンテにゆでるとは、「歯ごたえが残るようにゆでる」といった感じの意味になる。

しかし、一口に歯ごたえと言っても、どの程度の歯ごたえを意味するのか、あいまいなままだ。よく言われるのが、パスタの中心に絹糸1本、あるいは髪の毛1本程度の芯が残っている状態というもの。この芯というのは、水が十分に浸透せず、いまだデンプンが糊化していない部分にほかならない。ただ、その未糊化部分がどれくらい残っていればアルデンテなのか、については明確ではない。

イタリアでも、「パスタの都」とも言われるナポリでは、かなり芯のある状態が好まれるなど、地域差がある（個人的には都会ほど芯のある状態が好まれるような気がしている）。もちろん個人差も大きい。

アルデンテという言葉に、パスタのもっとも理想的なゆで方、犯されざる奥義のような響きを感じる人がいるかもしれないが、実はそれほど明確ではないのである。「固すぎて食べられないと誰もが思う状態」と「完全に芯がなくなった状態」の間に横たわる、ある程度の幅を持った概念と考えたほうがいいだろう。

また、アルデンテという言葉の使い方にも混乱が見られる。「ゆであげたあと、ソースをからめる過程でさらに加熱がすすむから、硬さの残るアルデンテの状態で鍋から取り出すのだ」と言う人がいる。この場合は、皿に盛って供する時点でベストのやわらかさを目指すわけで、食べても、特にアルデンテという感じはしないはずだ。

一方、実際に食べたときの食感をアルデンテと表現することも非常に多い。こちらの場合は、食べる瞬間がアルデンテの状態でなければならないので、パスタを鍋から取り出すタイミングとしては「モルト・アルデンテ（すごくアルデンテ、といった感じの意味だ）」を心がけないといけない。

アルデンテという言葉は人それぞれに使われており、理想的なアルデンテをめぐる論争は絶えない。私にはその正解を提示することはできないが、彼らの論争自体を定義することは可能だ。すなわち、世のパスタ好きたちは、含水率40パーセント以下の中心部のデンプン粒がどの程度の割合を占めるべきか、をめぐって議論をつづけているのである。

人間はやわらかいものを好む

ところで、硬めの歯ごたえを礼賛する人は、歴史的に見て少数派だったと私は考えている。アルデンテが美味だという「観念」が広まるまでは、芯がなくなるまでパスタをゆでるほうが自然だったはずだ。

日本人が広くスパゲッティを食べるようになったのは第二次世界大戦後だが、それから長きにわたって、芯がなくなるまでゆでたパスタが好まれていた。イタリアからの移民がパスタを広めたアメリカでも、多くの人がやわらかいパスタを好んだ。

ヨーロッパでも同様だ。ドイツのパスタは基本的にやわらかいし、イタリアと同じく地中海に面したフランスも、その隣のスペインも、イタリア人から見ればゆですぎのパスタを食べていると言っていい。

実はそのイタリアでさえ、中世にはパスタを1時間、場合によっては2時間もゆでていたのだ。考えてみると、イタリア人はそもそも、小麦の粒や小麦粉をドロッとするまで煮たお粥を食べていた。パスタも当初は、お粥に近くなるまでクタクタに煮込んだものが好まれたのだろう。

現代のパスタは中世のパスタと製法が違うので同じ結果になるとは思わないが、試しにバリラ社のスパゲッティを1時間ゆでてみた。なんとか形は保っていたものの、口に入れた瞬間にとけてしまうほどやわらかい。療養食にはよさそうだ。病気で食欲がないくせに意地でもパスタが食べたい、というパスタ狂にだけおすすめできる一皿である。

人々がパスタをやわらかくゆでてきたのは、実に自然なことだ。やわらかい食物は、よく咀嚼《そしゃく》しなくても飲み込むことができ、消化もいい。あまりエネルギーを消費することなく、効率的に栄養を取り込むことができるのだ。

ハーバード大学人類進化生物学部のリチャード・ランガム教授は、こういう仮説を唱えている。火を使いはじめた人類の祖先は、加熱調理によって植物や木の実などをやわらかくし、デンプンを効率的に摂取できるようになった。それが消化器官などを小さくし、結果として、大量のエネルギーを消費する大きな脳を維持できるようになったのだ、と（『火の賜物』NTT出版）。この説が正しければ、「動物としての人間」は生来的にやわらかいものを求めるはずだ。

そう考えると、やわらかいパスタは人類が先天的に持っている志向であり、アルデンテは後天的に獲得された嗜好だということになる。生存を心配する必要のない時代に、「口内への触覚的な刺激」として求められるものがアルデンテなのかもしれない。

これは私個人の経験からも納得できる。私は会社を辞したあと、新潟県佐渡島の山奥、限界集落と呼べるだろう農村でしばらく暮らした。そこに住む人々は、とにかくやわらかいものを好み、野菜や山菜もクタクタに煮る。餅や饅頭のような白くてフンワリとやわらかいものこそ、何よりのごちそうだった。

一方、都会から私を訪ねてくる友人の多くは、煮すぎた野菜や山菜をいやがり、「これだから田舎は……」とバカにすることもあった。田舎で農耕にいそしむ人は、効率的なエネルギー摂取を優先し、都会の人は、食事にむしろ刺激を求める。

私は漠然とだが、やわらかいもの＝田園的、歯ごたえのあるもの＝都会的と考えている。アルデンテも都会の文化ではないかと。

歯ごたえのあるパスタは粋だねえ

実際、硬いパスタは大都会ナポリで生まれたと言われる。シルヴァーノ・セルヴェンティとフランソワーズ・サバンの共著『パスタの歴史』（原書房）によれば、デュラム・セモリナを使った乾燥パスタについて、ナポリの料理人は「麦の味が強いことを知っており、茹ですぎないのは暗黙の了解だった」と言う。

とはいえ、ナポリ風のゆで方が世に知られるようになるには、19世紀まで待たねばならない。同書によれば、１８３９年に出版されたイッポリート・カヴァルカンディ公爵の『料理の理論と実践』に「青臭さが残るぐらいに茹でる」のが適切だと書かれているそうだ。

しかし、なぜナポリだったのか？　ナポリ市街の通りには、できたてのパスタを安く売る露店が並んでいた。このことが関係しているのではないか。アルデンテが誕生した経緯を想像してみた。

18世紀のナポリ。スパゲッティ屋の屋台は、いつものように労働者たちでにぎわっていた。

パスタがゆであがると、店主は手際よくトマトソースをからめ、削った硬質チーズをふりかけて、客に供す。混沌としたなか、客たちはパスタやソースの量が少ないと文句を言いつつ、手でパスタをわしづかみにして口に運ぶ。

あるとき屋台の店主は考えた。ゆで時間を少し短くすれば、同じ時間で多くのパスタをゆでられ、より多くの客に売りさばける。しかも燃料代は安くなるじゃないか。

実践してみると、せっかちなナポリっ子たちに「あそこの屋台はそんなに待たさず、すぐパスタが出てくる」と人気が出た。しかも、パスタはプツプツと歯切れがよく、その新しい食感も刺激的だ。クタクタにゆでるより、小麦の香りもしっかりする。

ゆでるそばからパスタが売れていくので、ゆで置きなど不可能だ。結果的に、つねにゆでたてでアルデンテのパスタが供されるようになる。それでさらに人気が出て、あわてたほかの屋台も次々に真似しはじめ……。

さて、硬いパスタの刺激を一度知ってしまった人たちは、やわらかなパスタにもの足りなさを感じるようになった。ますます強い刺激を求め、屋台の出すアルデンテの食感はさらに強くなっていく。ナポリっ子たちは口々に言うようになった。

「歯ごたえのあるパスタは粋だねぇ。フニャフニャやわらかいパスタなんざ野暮だよ」

私の脳内でナポリ人のキャラクターが、落語に出てくる江戸っ子にすっかり替わってしまっているが、江戸っ子が、生物としては危険を感じるほど熱い風呂を好んだように、ナポリっ子は、やわらかいものを好む人間生来の志向に逆らい、「固有の文化」としてアルデンテを好むようになった。そして、その文化が20世紀中盤から現在にかけて、徐々に世界中に広まっていっているというわけだ。

もちろん何の根拠もない想像である。ただ、ナポリよりせっかちと言われるローマ（真偽のほどは定かではないが、ナポリ・ピッツァよりローマ・ピッツァが薄いのは、彼らがせっかちで焼き時間を短くしたかったからだ、と言われている）のパスタが、ナポリ以上に芯が強く残っていることなどを思い出しつつ、この「せっかち説」もあながち完全な妄想とも言えないんじゃないか、と自分で勝手に納得している次第だ。

重量2・3倍が目安

アルデンテには明確な定義がないので、世界には「さまざまなアルデンテ」が乱立している。ただ、現代のパスタメーカーは、多くの人が「この状態ならアルデンテと言っていいよね」と認めるであろう目安を提示している。

その目安とは、ゆであげたときのパスタの重さが、ゆでる前の約230~240パーセントになったときである。メーカーによって差はあるが、パッケージに書かれた「標準ゆで時間」というのは、重量が230パーセント前後になるまでの時間なのである。

パッケージにある時間だけパスタをゆでたとき、パスタ内のデンプンに何が起こるのか、おさらいしておこう。

パスタをゆでると、外周部のデンプン粒の構造が熱によって崩れ、水分子が入りこんで糊化が生じる。糊化は中心に向かって徐々にすすみ、水分も中心に向かってゆっくり浸透する。デンプン粒は水を吸ってふくらみ、重くなってゆく。そして、標準的なゆで時間をむかえたとき、その重さは乾燥時の約2・3倍となる。

このとき外周部の含水率は80パーセントを超えている。含水率は中心に向かってどんどん下がっていき、中心部には含水率40パーセント以下の芯が残る。この含水量のグラデーションが、パスタ特有の食感を生み出すのである。

ベアリングが足りない

アルデンテという食感が、デンプンの糊化によってもたらされることは見た。次は、パスタの成分の11〜14パーセントを占めるタンパク質である。タンパク質をゆでると、どんな変化が起き、どういう食感が生み出されるのだろうか？

デュラム小麦から取り出したタンパク質のことをグルテンと呼んだが、それをゆでる前に、まずはグルテンの性質について説明しておこう。グルテンの非常に独特な性質は、パスタの食感と密接不可分の関係にあるからである。

うどんやパンを作った経験がなくても、生地をイメージすることはできるだろう。生地を手で引っ張ると、抵抗しつつもグーッと伸びるが、手を離すとジワジワと元の形に戻っていく。指を押し込むと、抵抗しつつもグーッとへこむが、指を離すとジワジワと元の形に戻っていく。ああいう独特の性質にかかわるのがグルテンなのだ。

小麦には80種以上のタンパク質が存在するが、その4〜5割がグリアジン、約4割がグルテニンである。このふたつでタンパク質全体の8〜9割を占めるわけだ。このふたつを水分のあるところで反応させると、グルテンが作られる。

このグルテンの作られ方については、料理を科学的に考える人にとってはバイブルとも言える、ハロルド・マギー『マギーキッチンサイエンス』（共立出版）の解説が実に分かりやすいので、それにならって説明する。

まずグルテニンについて。タンパク質はアミノ酸がたくさんつながったものだが、このグルテニンも1000個ほどのアミノ酸が直鎖状につながったもので、コイルのような形状をしている。生地を練る過程で、こうしたグルテニンの端っこ同士が強固にくっつく。数百ものグルテニンが前後に連なり、長いコイル状のバネになったようなイメージだ。

グルテニンの長いバネは、さらに隣のバネと一時的に結合する。生地をこねることで、長いバネ同士があちこちでくっついてからみあい、デンプン粒を包み込みながら、ねじれてゆがんだ網目状の構造を作っていく。非常に弾力のある構造だ。

一方のグリアジンもアミノ酸が1000個ほど連なったものだが、こちらは折りたたまれた構造で、小さなボールのような丸っこい塊になっている。この小さなボールがグルテニンの間に入ると、ちょうどボールベアリングのような感じで、スルスルとスライドできるようになる。

小麦粉に水を加えてこねた生地を手でグーッと引っ張れば、からみ合ったグルテニンのねじれが伸ばされ、同時にグルテニン自体のコイルも伸ばされる。グルテニンだけでは引っ張っても元に戻ろうとする抵抗が強く働くのだが、間にあるグリアジンのベアリングが摩擦を小さくするおかげで、粘りつつ伸びるようになる。

手を離すと、グルテニンは元のねじれた形に戻ろうとし、また伸びたコイルも縮もうとする。結果として生地はゆっくりと元の形に近づいていく。

外からの圧力で形がひずんでいく性質、小麦粉の生地で言えば、引っ張ったとき伸びる性質を「伸展性」といい、元の状態に戻ろうとする性質を「弾性」という。グルテンは高い伸展性と弾性を併せ持つのである。

グルテンについては、その網目状の構造においても、その役割においても、筋繊維をイメージすると分かりやすい。デュラム小麦のグルテンは網目を作る鎖が太く、よりランダムで複雑にからまっている。また、グルテニンの比率が高く、グリアジンのベアリングが少ないので、普通小麦のグルテンよりも伸展性が弱く、弾性が高い。より伸びにくい硬い筋肉を持っていると言えるかもしれない。

これはデュラム・セモリナで生地を作ってみると体感できる。引っ張ると強い抵抗を感じ、手を離すとすぐ元の状態に戻ろうとする。無理に引っ張ると、それほど伸びずにブチンとちぎれてしまう。筋断裂、いわゆる肉離れのようなものである（実際、肉離れを起こしたとき、体の中からブチン！　と音が響いてくるそうだ）。グリアジンのベアリングがもう少しあれば、こんな展開にはならない。

実は、この特徴が食感に関係している。うどんを噛むと粘りを感じるが、パスタはコシがありつつも、プツンプツンと歯切れがいい。うどんとは明らかに異なる食感には、デュラム小麦のグルテンならではの特徴も寄与している。

なぜプツンと切れるのか

さて、デュラム小麦のグルテンの特徴を理解したところで、実際にゆでて、どんな変化が起きるかを見てみよう。先の方法で取り出したグルテンを小分けにし、沸騰させた1パーセント程度の食塩水でゆでてみる。

グルテンは徐々に硬くなり、伸びにくくなってくる。伸展性が減り、弾性が増したのだ。グルテンはデンプンと違って水をよく吸う。水を吸ったグルテンに熱が加わると、グルテンの中の分子同士の結びつきが強くなって、より強固な弾力が生まれるのだ。

もう少しくわしく説明すると、グルテニンを形作っているアミノ酸には、水と結びつきやすい親水性のものと、水とは混ざりにくい疎水性のものがある。分子同士を結びつけやすいのは疎水性のアミノ酸だが、それらは普段は分子の内部に埋もれている。しかし、加熱によって水分子が振動すると、分子の構造が崩れて疎水性アミノ酸が表面に露出する。その結果、分子同士が結びつき、グルテンが硬くなるのだ。

食べてみれば、1分ほどゆでたものはクニュクニュとした食感で噛み切りにくい。まだ伸展性がある。もう少し長くゆでると、歯ごたえが増す。弾性が強くなったのだ。心地よく噛み切ることができるようにもなる。10分ほどゆでつづけるとかなり硬くなり、引っ張ってもあまり伸びず、すぐにちぎれる。

グルテン（左）をゆでると（右）、水を吸ってふくらみ、硬くなる

香りはやはりパスタを想起させる。弾性があって歯切れがいい。一方でデンプン塊のようなネッチリとした粘りはない。

デンプンだけをゆでたときの食感は「炊いたうるち米の食感と近い」と書いたが、パスタの食感とご飯の食感はぜんぜん違う。この差がグルテンによってもたらされているのだと、舌と歯の感触からよく分かる。

パスタがゆであがったかどうかを判断するやり方として、鍋からパスタを1本取り出して親指と人差し指でつまんでみる、というのがある。力を入れたときに芯を感じ、ネチッとつぶれるようだと、まだゆでが足りない。

力を入れたときにプチッと切れるようになったら、ちょうどよいゆであがりだ。

ゆであがるまでのネチッと粘るような感触は、デンプン由来のものだ。それが時間とともに芯が小さくなり、同時にグルテンの弾性が増すことによって、プツンと切れるようになるのである。

アルデンテとコシの違い

このように見てくると、ゆでたパスタの食感は、主に四つの要素があると考えられる。

① パスタ表面の食感（ツルツルかザラザラかは、パスタを作るときの表面加工によって変わる。また、パスタ表面のデンプン粒がふくらみ崩壊することでできた薄い糊のようなものを麺がまとうことで、ヌメリのある食感が生まれる）。

② 噛んだときに押し返すような弾力を持ちつつも、歯にネッチリと粘りついてくる食感（デンプン粒が糊化することで水を吸い、ふくらむことで生まれる。含水率は中心にいくほど減るので、その弾力と粘りも平板な感じではない）。

③ パスタ中心部に残った硬い芯をポリポリと歯で折り、噛んでつぶすような食感（含水率40パーセント以下の、糊化しないデンプン粒が生み出すアルデンテの食感）。

④ 噛んだときに弾力がありつつも、力を入れるとプツンと切れるような食感（水を吸ったグルテンが加熱で硬くなることで生まれる）。

①から③まではデンプン、④はタンパク質＝グルテンがもたらす食感だ。

①の食感は、麺が唇や舌、口腔内に触れるときは「ツルツル感」とでも言うべきものとなり、飲み込むときには「のどごし」となる。ただし、パスタの製法によってこの感触は変わり、また、ゆであげたパスタをそのまま食べない限り、オイルやソースの食感と一体化してしまうので、直接この食感を感じることはない。パスタが乾いてしまうとこの食感はベタつきとなり、ゆであげたパスタがくっつく原因にもなる。

すでにくわしく見たように、③の食感がアルデンテである。

パスタのみならず、うどんやラーメンなど小麦で作られた麺全般について、噛んだときに感じられる弾力を「コシ」という言葉で表現することがあるが、このコシにあたるのが、②

と④の食感が合わさったものだろう。

アルデンテとコシの違いは、これまではっきり定義されてこなかった。ふたつを混同した記述もよく見られるが（私も本書を書くまで、ずいぶんと混同していた）、少なくとも本書では、このように定義することで区別したいと思う。アルデンテとコシは、まったく違う概念なのである。

うどんのコシとパスタのコシ

注意したいのは、パスタのコシといっても、日本人が慣れ親しんできたうどんのコシとはずいぶん違うということだ。

うどんは普通小麦を精白・製粉した小麦粉から作られる。この小麦粉に含まれるタンパク質は9パーセント程度。デュラム・セモリナの11〜14パーセントと比べ、かなり少ない。当然、うどん生地のグルテンも少ないので、④として挙げた「プツンと切れる歯切れのよさ」がないのである。

また、生地に含まれる空気の問題もある。市販されているパスタは工場において真空状態で練られるのが一般的なので、気泡は少ない。

一方、うどんは、空気のある場所で練られるのが普通である（最近は真空ミキサーを使い、真空状態で練る製麺所もあるが）。このため、ゆでると、グルテンの網に包まれた気泡が熱で膨張する。麺の中に小さな風船がたくさん入っているような状態になり、ふっくらとしたやわらかさを持ちつつ、歯を押し返すような食感が生まれるのだ。

なお、これはゆでたてをそのまま食べる釜あげうどんの食感であって、ヌメリを取るために冷水で洗えば気泡はしぼみ、この食感はなくなる。とはいえ、それをもう一度温めれば気泡は少しふくらむはずなので、温かいうどんには多かれ少なかれ気泡由来の食感があると言っていいだろう。

水分勾配の問題もある。伝統的なうどんは、こねた生地を切って紐《ひも》状にしたものをそのままゆでるのが一般的だった。一度乾燥させてからゆでるパスタに比べると、水分勾配もゆるやかになる。しかも芯を残さずにゆでるので、中心部に未糊化のデンプンを残すアルデンテの食感はありえない。

また、うどんは生地に塩を入れて練る。うどんのグルテンはパスタより弱いものの、このことで多少は強化される。さらに、塩を入れることでデンプン粒が崩壊しにくくなる。うどんのデンプン粒は水を吸ってパンパンにふくらみながらも壊れない。このため、アミロペクチン同士の摩擦が粘りを生み出す。塩を入れずに練るパスタのデンプン粒とは、ゆでたときの変化が違うのである。

温かいうどんを歯で噛めば、まずふっくらとしたやわらかさを感じる。さらに強く噛んでも、麺は噛み切られることに抵抗を示し、モッチリと粘りながら歯を押し返してくる。香川県の人がさぬきうどんの特徴を「やわらかいけど噛み切れない」と表現していたが、うどんの特性をみごとに表している。この食感こそ、日本人が長いあいだコシとして好んできたものなのだ。

一方のパスタは、グルテンが強固であるため、歯で噛んだとき、歯ごたえがありつつもあまり粘らず、プリッと心地よく麺が切れる。うどんよりはるかに歯切れがいいわけだ。

ただし、イタリア北部の生パスタの持つコシは、うどんのコシと似ている。この地域のパスタは普通小麦と卵、水で作られ、乾燥させないぶん水分勾配もゆるやかだ。日本で生パスタに人気があるのは、まさに日本人好みの食感があるからだろう。

弱めのグルテンと粘るデンプン粒を持つうどんに対し、強いグルテンを持ち、デンプン粒がうどんほどは粘らないパスタ。同じ「コシ」という言葉で表現しつつも、そのベクトルはまったく違う方向を向いている。

昔は水で冷やしていた

パスタとうどんのゆで方の最大の違いと言っていいのが、ゆであがった麺を水洗いするかどうかだろう。

うどんを洗う理由は、第一に水で冷やしてゆですぎにならないようにするためだ。また、デンプンの糊化で生じた表面のヌメリを洗い流す目的もある。冷やしながら洗うことで、麺の表面にあるデンプン粒はツルツルして透明感のある状態に固定される。のどごしやツルツルした食感は向上し、麺同士がくっつきにくくなる。

一方のパスタだが、いまは水洗いをしないのが一般的だ。しかし、かつてはパスタを水洗いした時代もあったのだ。

パスタがお粥のようにクタクタにゆでられ、そのまま食べられていた時代は、もちろん水洗いはしなかった。硬いパスタはナポリで生まれたと書いたが、同じく『パスタの歴史』によれば、最初にやわらかいパスタに異議申し立ての声が上がったのは17世紀初頭のことだという。

異議をとなえたのはフィレンツェに住む音楽家で、素人の料理愛好家だったジョヴァンニ・デル・トゥルコ。彼が『エプラリオ』という料理書を出し、ゆであがったパスタが「締まって硬くなるように」冷水に取ることをすすめたのだ。

この方法は近代の初期にはイタリアで普及していたと思われる、と『パスタの歴史』にはある。「当時のイタリア料理においては、パスタを水で冷やすことも珍しくなく、家庭にいたっては20世紀末になってもこの習慣は廃れていなかった」と。

水洗いしたパスタは、水洗いしたうどんと同様、ヌメリがなくなって、のどごしがよくなる。お粥の時代と比較して、歯ごたえも格段に増していたはずだ。

うどんとたもとを分かつ

では、なぜイタリアではパスタを水洗いしなくなったのか？

あくまで推測だが、これはアルデンテという「観念」の広がりと表裏をなしているように思う。パスタを水洗いすることが前提にあれば、パスタをちょうどよい加減までゆで、冷水で加熱や糊化の進行を素早く止め、安定した状態にすることができる。しかし、もし冷水で冷やすのが難しい環境にあったら、どうだろう。早めにゆで汁から引き上げ、余熱でちょうどよいゆで加減まで持っていこうと考えるのではないか？

このことをふまえたうえで、18世紀ナポリのパスタ屋台にもう一度登場してもらい、「アルデンテ誕生」の寓話を少し修正してみたい。

18世紀のナポリの屋台では水は貴重だ。パスタを洗うために大量の水を使うなど、もったいなくてできない。そこで店主はパスタがゆですぎにならないよう、少し固い状態のまま、引き上げるようにした。

すると、「あそこのパスタはいいゆで具合だ。麺が伸びてない」と評判に。しかし人気が出てくると、せっかちな客たちは、余熱調理のために早めに引き上げておいた硬いパスタへ我先に手を伸ばし、あっという間に売れてゆく。

さて、硬いパスタの刺激を一度知ってしまった人たちは……（以下同）。

ともあれ、水で冷やせない環境にある場合や、パスタの香りなどにこだわって水にさらしたくないという信条があった場合、麺の弾力や硬さを担保するには、麺を早めに引き上げるのがいちばんだ。それがアルデンテのゆで方を生み、その食感が受け入れられていったのではないだろうか。

人々に望まれたパスタの食感は、初期はお粥のようにドロドロと粘り、口に入れると、とろけるようなものだった。それが17世紀以降にうどんのような、ある程度コシのあるものへと変化した。そして18世紀から現在にかけて、パスタはうどんとたもとを分かち、歯切れと硬さを喜びとするものに変わってきたというわけだ。

第　2　章

塩はどれだけ入れるか

基準のゆで方を決める

前章では、パスタの主成分であるデンプンとタンパク質（グルテン）が、それぞれどういう特徴を持ち、ゆでるとどういう食感をもたらすかを見た。それをふまえたうえで、本章以降では、パスタの最良のゆで方を探っていく。

ベストのゆで方を探すといっても、比較はなかなか難しい。

例えば、Aというメーカーのパスタ150グラムを用意し、硬度200の硬水3リットルに、にがり成分入りの塩60グラムを加え、強火でゆでる。一方で、Bというメーカーのパスタ100グラムを用意し、硬度60の軟水500ミリリットルに、塩化ナトリウム99パーセント以上の塩3グラムを加え、弱火でゆでる。このふたつのパスタのゆで方を比較できるだろうか？

どちらがおいしいかは食べれば分かるかもしれないが、何が原因でその違いがもたらされたのかは見えにくい。あまりにさまざまな条件が違いすぎるからだ。こうした要素の組み合わせは無限大にある。

比較を可能にするためには、変化させる要素を限定する必要がある。右の例で言えば、パスタのメーカーだけを変えて、あとは同じ条件でゆでれば、どちらのパスタがおいしいか分かる。あるいは塩だけ変えて、ほかの条件を同じにすれば、どんな塩がパスタに向いているかが分かる。そうやって要素のひとつひとつを検証していけば、段階をふみながら、おいしくゆでる方法が見えてくるはずだ。

そこで最初に「基準になるパスタのゆで方」を設定したい。基準のゆで方を定めることで要素を固定しておき、そのなかから要素をひとつずつ変えて、変化が与える影響を観察する作戦だ。

日本でパスタをゆでるにあたって、できるだけ一般性の高い条件を考える。水に関しては、水道水（東京だと硬度50〜１００の軟水）を用いることにしよう。

塩については、こだわっている人も多いと思うが、ここでは塩化ナトリウム99パーセント以上の食塩を使う。かつての専売公社である財団法人塩事業センターが作っている食塩で、いわば日本でもっとも一般的な塩である。

使用するパスタはバリラ社のスパゲッティ（直径１・７ミリ）とする（第３章扉の写真）。

バリラ社のパスタは本場イタリアではシェアが35パーセントを超え（2012年）、他のメーカーを大きく引き離しての第1位だ。もっともポピュラーなイタリア産パスタと言っていいだろう。日本製粉が正規に輸入しており、スーパーなどで容易に入手できる。

水1リットルに塩10グラム

基準のゆで方では、水や塩の量も決めておかないといけない。

水の量は、乾燥パスタ100グラムあたり1リットルとする。塩は水1リットルに対して10グラム入れることにした。

この配分は、私がレシピ本を調べたり、実際にイタリアンレストランを取材してパスタのゆで方を聞いたなかで、もっとも一般的だったものだ。バリラ社もウェブサイト上で「バリラ式パスタを美味しく茹でる方法」として、「パスタ100グラムに対してお湯1リットル、塩10グラム」を推奨している。

もちろん、この配分が正しいと言いたいわけではない。塩の量や水の量など、さまざまな要素を変えて比較するために、まずは基準点を定めておく必要があるだけの話である。この配分自体についても、いずれ検証する。

鍋は、貝印というメーカーの「ユータイムⅢ」を使った。内径14センチ、高さ12センチのステンレススチール製で、底の厚さは０・８ミリ。1~2人分をゆでるのにちょうどよいパスタ用の小鍋である。コンパクトで使い勝手がよく、１００グラムのパスタを効率的にゆでるのに適している。

この鍋はそれほど一般的ではないかもしれないが、パスタをゆでる実験を幾度となくくり返すときに、私にとっての使い勝手と効率は非常に重要になるので、あえてこれを「基準の鍋」とさせてもらった。この鍋を推奨しているわけではなく、比較するには、つねに同じ鍋を使っている必要があるということだ。

ユータイムⅢは１～２人分をゆでるのに適した大きさの鍋だ

ゆで方だが、これもパスタのパッケージやレシピ本に書かれている一般的なものを採用した。鍋に水と塩を入れて強火で沸騰させ、沸騰したらパスタを入れ、上から軽く押さえてパスタ全体がつかるようにする。もう一度沸騰してきたら火を弱めて、軽くポコポコと泡が出ている状態にする。

ゆでている間に塩分濃度が上昇するのを避けるため、フタをする。ゆで時間はパッケージに書かれた「標準ゆで時間」の9分である。

家庭内二重盲検法

パスタをゆでる際に検討すべき要素は、塩（量と質）、水（量と質）、パスタ（種類と入れるタイミング）、火加減、ゆで時間、使用する調理器具、といったところだろう。

それらのなかから、本章では塩と水を取り上げたい。ほかの要素を固定したうえで、塩や水の質や量だけを変化させて比較する。要は、「ベストのゆで汁とはどういうものか」を考えるわけである。ゆで汁の塩分濃度をどのぐらいにするかは、もっとも議論の対象となっているる問題かもしれない。

では、そもそも、なぜ塩を入れる必要があるのか？
ゆで汁に塩を入れる最大の理由は、パスタに味をつけるためである。これは間違いない。パスタはうどんやそうめんと違って製造過程で塩を入れないため、この時点で塩味をつける必要があるのである。

もちろん、塩なしの真水でパスタをゆで、あとから塩をふって和《あ》える方法も考えられる。しかし、食塩水でゆでたものと比べてみると、味にムラができる。食塩水でゆでたもののほうが、まんべんなく、またパスタの内部まで塩味がつく。

それ以外の理由として、「食塩水でゆでるとパスタのコシが強くなる」と言われることがある。この説が真実であるかどうか確かめるため、さまざまな塩分濃度でパスタをゆで、比較してみることにした。

用意するのは、基準のゆで方にのっとって、パスタ100グラムと水1リットル。一方には基準どおり塩10グラムを入れるが、もう片方には入れない。真水でゆでると味がないので、ゆであがったものに塩をふって食べる。

専用の計器も施設もないので、作業は我が家のキッチンで行い、火力については目視でだいたい同じぐらいに調整した。食べて比較する被験者は、私、妻、息子（9歳）、娘（6歳）の4人である。

思いっきり素人っぽく、家庭的な検証法ではあるが、思い込みを排除するために「二重盲検法」を採用した。二重盲検法とは、実験者＝私と、被験者＝私を含む家族4人が、ともに対象を確定できない状態でテストを行うこと。どちらが真水でゆでられたパスタか知らなければ、試食のときにバイアスを排除できる。

具体的には、私がパスタをゆで、ゆであがったら、家族に見られない場所で、見た目では区別がつかない大きさ・形状のボウルに入れる。このとき、あとで確かめられるようにボウルの底に印をつけておく。このままでは私が分かってしまうので、ボウルを妻にシャッフルしてもらう。これで、家族の誰にも、どちらのボウルに入ったパスタが真水でゆでたものか分からなくなる。

試食をした結果だが、真水でゆでたほうがヌルッとしているという違いはあるものの、食感については区別がつかなかった。食塩水でゆでたパスタのほうがコシが強いとは、とてもじゃないが言い切れない。

ただし、それ以前の問題として、あとで塩をふったほうは中まで塩味が染みておらず、味にムラもあるので、食べた瞬間に「塩味にバラツキがあるから、たぶんこちらが真水でゆでたほうだな。だとすればコシが弱いはずだ」などとつい思ってしまい、雑念が混入して純粋に食感だけを確かめるのが難しい。

小さじ1杯では意味がない

さてどうしたものかと思っていたところ、これに関して似たような実験をしているテレビ番組があった。「うまっ！　次世代パスタ」と題された、NHK「ためしてガッテン」2013年10月9日放送分である。

この放送はパスタ好きの間でも話題になったので、見た方もいるかもしれない。番組内では機械でも測定したうえで、真水でゆでたパスタと、約0・6パーセントの食塩水でゆでたパスタの歯ごたえにはほとんど差がない、と結論づけていた。

この約0・6パーセントの食塩水というのは、マ・マー、オーマイ、バリラ、ディ・チェコといった日本でメジャーなパスタのパッケージに書かれている「1リットルの水に小さじ

1杯の塩」を入れたものに相当する。ごく一般的な塩加減ということだ（バリラ社のウェブサイトでは「1リットルに塩10グラム」となっているが、なぜかパッケージには「1リットルに塩小さじ1」と書かれている）。

麺のコシに限定した話だが、1リットルに小さじ1杯程度の塩を入れたぐらいでは、真水でゆでるのと変わらない、というのが番組の結論なのである。

その一方で、この番組は、約2・5パーセントの食塩水でゆでると歯ごたえが非常によくなる、ともしていた。

これは、山形にあるイタリアンの名店「アル・ケッチァーノ」の奥田政行シェフによるパスタのゆで方である。2・5パーセントというと、1リットルに25・6グラムもの塩を入れる計算になる。さすがにしょっぱすぎるので、奥田シェフはパスタをゆであげたあと、その塩分を別鍋にわかしたお湯で落としてから、客に供している。

濃い食塩水で、なぜ歯ごたえがよくなるのか？　番組ではその理由を、濃い食塩水でゆでると糊化が遅くなるからだ、としていた。番組のウェブサイトを見ると、「じつは、デンプンは濃い食塩水でゆでると、糊化がゆっくり進むのです。そのためパスタの芯までゆであがっても、デンプンがしっかりとした形で残っているため、はじけるような食感になると考えられます」とある。

右で「デンプンがしっかりとした形で残っている」と表現されているのは、デンプン粒に水分子が侵入せず、しっかりとした構造を保ったままの状態、つまり糊化がはじまっていないデンプン粒が多い状態とも考えられるが、「はじけるような食感」とあるので、デンプン粒が水を吸ってふくらんでいながら形を保って崩壊せず、アミロースやアミロペクチンが流出していない状態のことかもしれない。

これは確認しなくちゃいけない。そこで、またデュラム小麦から取り出したデンプン塊にご登場いただこう。これをさまざまな濃度の食塩水でゆでてみれば、糊化に与える影響が見えるはずだ。

25グラムが境界だった

基準どおり水は1リットル、ゆで時間は9分である。そこに入れる食塩は、0グラム（真水）、6グラム、10グラム（基準）、15グラム、20グラム、25グラム（奥田シェフ）、30グラム、

40グラム、50グラムと、9種類を用意した。

いつものように家のキッチンを使い、家族に試食してもらう。もちろん二重盲検法だ。あまりに塩味に差がありすぎるので、塩15グラム以上の場合はデンプン塊をゆであげたあと熱湯でゆすぎ、なるべく塩味が平均化されるようにした。

基準のゆで方である塩10グラムでゆでたものと、真水、6グラム、15グラム、20グラムでゆでたものをそれぞれ比較したのだが、硬さに違いがあるのかどうか、誰にも明確に見極められなかった。恥ずかしながら、塩分量の差が大きい6グラムと20グラムで比較してみても、結果は同じだった。何度か試し、家族全員が20グラムを硬いと感じることも多かったが、ときには全員が6グラムを硬いと指摘することもあった。

食感だけではない。見た目でも明確な差が見出せなかった。デンプン塊をゆでると、周囲の部分が糊化して透明になる。どれぐらいの部分が糊化しているのかと、メジャーを持ち出して計測したのだが、ほぼ同じだった。

ところが、塩の量がさらに増えると、結果は変わってきたのである。

塩25グラムになると、家族の全員が硬いと感じた。歯を押し返すようなムチッとした硬さである。30グラムでよりはっきりと硬さを感じ、40グラムでは硬さを感じるとともに、デンプン塊の中心の白い部分を粉っぽく感じた。50グラムでは、その傾向はさらに顕著で、白い部分は固まった片栗粉のような粉っぽさ。もう差は歴然だった。

我が家における実験でも、「1リットルに塩25グラム」は境界として現れたのである。

糊化は塩に比例しない

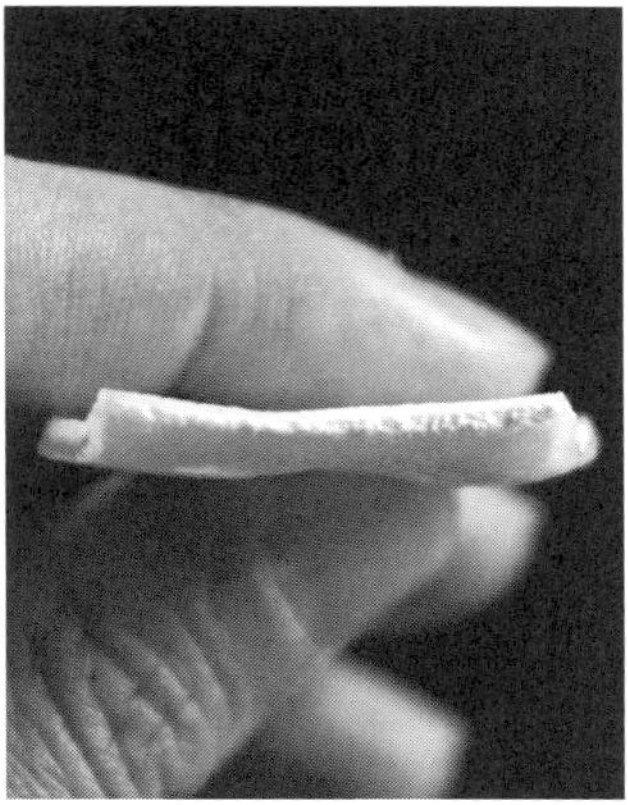
塩 50 グラムでは、こんなに芯が残った

実は同じ現象は、実物のパスタをゆでるときも確認できる。さきほどと同じゆで方でバリラのスパゲッティをゆでて、断面を観察する。塩25グラムまでは差が分からないが、30グラム以上になると、明らかに中心部が白く見える。

50グラムでは芯がかなり太く、つまんだときに、パスタの芯に針金でも入っているような感じであまり曲がらない。塩辛すぎてとても食べられたものではないが、食感に関しても硬すぎると言っていいレベルだった。

パスタがどれぐらい水を吸っているのか、重量を調べてみた。塩10グラムという基準のゆで方だと、ゆであがりの重量が230グラム。一方、塩25グラムだと228グラム、塩30グラムで226グラム、塩40グラムで224グラム、塩50グラムで223グラムだった。家庭用重量計を使ったキッチンでの計量なので誤差はあるだろうが、塩の量が多いと吸水が悪く、糊化がすすんでいないことが裏付けられたと言える。

ただし、塩分濃度に比例して直線的に硬さが増していったり、糊化が抑制されていったりするようには感じなかった。あくまで私の体感なのだが、塩が6～20グラムでは差がよく分からない。25グラム以上だと指数関数的に差が大きくなっていく感じだった。

そこでデンプンに関する論文などを調べてみると、単純に塩分濃度が濃くなれば濃くなるほど糊化が抑制されるわけでもないようなのだ。これに関するはっきりとした答えは見つけられなかったのだが、私はだいたい次のようなことではないかと想像している。

塩（塩化ナトリウム）は水の中でナトリウムイオンと塩化物イオンに分かれる。これらのイオンはデンプン粒に入り込み、デンプン粒をふくらませていく。しかし、イオンは水分子とも強く引き合う。そのためデンプン粒は糊化に必要な水分子を奪われる。つまり、一方でデンプン粒は膨潤し、また一方で糊化は抑制されることになるのではないか。

塩の量が10グラム程度なら、ナトリウムイオンや塩化物イオンの量はさほど多くない。水分子は十分にあると言える状態だから、糊化に影響も出てこない。しかし、これが25グラム以上になると、水分子を奪うイオンの量が、糊化を抑制するほど多くなってしまうのだと思われる。

そこから先は、塩分濃度が高くなればなるほど、水分子の奪いあいになる。これでは糊化はすすまない。塩を30～50グラム入れたとき、デンプン塊の中心の白い部分が増え、粉っぽさが増したのはそのせいだろう。つまり糊化の抑制は、イオンが一定量を超えたところから一気にはじまるのではないだろうか。

これが、塩の量を極端に増やすとパスタの吸水が悪くなり、糊化がすすまなかった原因だろう、と私は考えている。

グルテンは歯ごたえがよくなった

前章で見たようにパスタのコシは、デンプンとグルテンの両方によってもたらされる。ネッチリではなくプリプリとした弾力、そしてプツンと切れる歯切れのよさは、デンプンではなく、グルテンを加熱することで生まれるのである。

そこで今度は、食塩水の濃度がグルテンにどんな影響を与えるかを知るために、まったく同じ実験をしてみた。デュラム小麦のグルテンを、同じ重量、ほぼ同じ形状に分ける。そして9種類の塩分濃度でゆでてみるのである。デンプンのときと同様、塩15グラム以上の場合は熱湯でゆすぎ、塩味が平均化されるようにした。

本来ならグルテンの弾力などの力学的特性は機械で測定すべきだろうが、当然持っていないので、いつものように家のキッチンと家庭内二重盲検法でいく。

基準のゆで方である塩10グラムと、ほかの塩分濃度のものを比較してみる。真水と比べると、硬さに違いが感じられたが、6グラムや15グラムでは、はっきりと区別がつかない。これが20グラムになると、食感の違いを誰もが区別できた。20グラムのほうが歯ごたえはあり、歯切れもよいのだ。

この差は25グラムだとさらに明確で、30グラムではゆであがったグルテンを手でさわった時点でもう硬さを感じる。40グラム、50グラムはさらに硬い。

塩分が濃いほど、明らかに弾性が増していくのが感じとれた。手で引っ張ると、伸びずにブチッと切れるようになることから、伸展性は減っているのが分かる。25グラムを超えると明らかに硬さを感じる。

食感についても同様だ。真水や、低い塩分濃度のものは噛みすぎたガムのようなクニュクニュした感じがある。これは伸展性に由来するのだろうが、徐々にそれがなくなっていく。グッと噛みごたえが増し、歯切れよくプチップチッと噛み切れるようになる。デンプンのときのような複雑な印象はなく、グルテンに関しては、塩分濃度に比例して歯ごたえがよくなると言い切っていいように思う。

なぜグルテンは塩分濃度が高くなるとより硬くなるのか？　それは食塩水の電解質がグルテニン同士の結合部分を増やすからだと考えられる。

グルテニンを構成しているアミノ酸のなかには、荷電しているものがある。したがって、隣接するグルテニンが近づいても、極が同じなら反発しあい、離れてしまう。しかし、電解質を含んでいる食塩水があれば、電解質が荷電部分に引き寄せられて電荷が打ち消され、アミノ酸が反発しあうのを防ぐことができる。特にグルテニンにはマイナスに帯電したグルタミン酸が多い。グルタミン酸の負電荷を、食塩水のナトリウムイオンが中和することで、グルテニン同士が反発せずに結合できるようになる。グルテニンの結びつきが強くなれば弾性が増すことは、前章で見たとおりだ。

また、こうしてグルテンの網目構造が強くなれば、その中にデンプン粒をしっかり抱え込むことができるだろう。となれば、水やイオンが入り込んでパンパンにふくらんだデンプン粒が崩壊せず、そのまま保たれる可能性も高くなる。グルテンの弾性が増すことでデンプン粒の弾性も増す、という相乗効果があるわけだ。

ブチッと切れつつ粘りもある

デンプン、グルテンをそれぞれゆでて実験したが、それらが合わさるとどうなるか。今度は実際にパスタをゆでてみよう。９種類の塩分濃度でゆでることなど、条件はここまでとまったく同じである。

６グラムと10グラム、15グラムでは区別がつきにくかったが、20グラムになると、家族全員に違いが区別できた。25グラムでゆでたパスタはプリプリと弾性があり、プツンプツンと歯切れも心地よい。30グラム以上になると、さらに弾性を感じる。

弾性といっても、ゴムボールのようにはずむ感じではない。デンプンの食感で言えば、噛んだときには弾力を持って押し返してくるが、力を入れるとポリッと折れるような感覚。グルテンの食感で言えば、引っ張ったときにほどよく伸びる感じではなく、すぐにブチッブチッと切れる感覚である。このふたつの「硬い食感」が、水を吸ってふくらみ糊化したデンプン粒の粘るような食感と共存しているのである。

塩を入れれば必ずパスタのコシが強くなるというわけではない。しかし、濃い塩水でゆでる場合は、パスタのコシは強くなる。これが結論だ。

20グラムでは塩辛すぎる

では、食塩水でゆでたとき、パスタの塩味は、どれぐらいになっているのだろう？　塩を入れる最大の目的がパスタに味をつけることである以上、そこは気になる。

とりあえずパスタが吸い込む水分の塩分濃度が、ゆで汁の塩分濃度と変わらない、という前提で計算してみよう。

1リットルの水に塩10グラムの場合、塩分濃度は10÷（1000＋10）×100＝0・99パーセントになる。100グラムの乾燥パスタが、ゆであがりで230グラムになっているとすれば、130グラムのゆで汁を吸い込んでいる。パスタは130×0・99÷100＝1・287グラムの塩を吸収したことになるので、塩分濃度は1・287÷230×100＝約0・56パーセントになっているはずだ。

同様に計算すれば、塩20グラムで約1・1パーセント、塩25グラムでは約1・38パーセントの塩分濃度だと予想できる。

パスタ内に塩分がすべてそのまま浸透するわけではないだろうし、沸騰して水分が蒸発し、ゆで汁の塩分濃度は濃くなっているはずなので、この計算どおりにはいかないだろう。あくまでも概算である。

実際に家庭用の塩分濃度計で計測してみると、塩10グラムのパスタの塩分は0・4〜0・6

パーセント、塩20グラムで0・8〜1パーセント、塩25グラムで1・4〜1・5パーセントだった。奥田シェフのように塩25グラムでゆでたあとお湯でゆすぐ手法では、0・8〜1パーセントと出た。家庭用の機器であり、測定方法もかなり複雑なので、これらの数字を絶対値として信じるわけにはいかないのだが。

さて、料理をおいしいと感じる味付けは塩分濃度0・8〜1・0パーセントと言われている。塩分計の数値を信じるなら、基準の塩10グラムでゆでたパスタは塩分が足りない。ちょっと濃いめのソースと合わせる必要があることになる。

塩20グラムのパスタと、塩25グラムのパスタを熱湯でゆすいだものは、そのままでちょうどいい味つけとなるはずだ。しかし、実際に塩20グラムのパスタを食べてみると、少ししょっぱい。塩分濃度にして1・2パーセントぐらいはありそうな感じだ。パスタの表面に2パーセント程度の塩分濃度を持つゆで汁がまとわりついているからかもしれない。ペペロンチーノにすると、外食のラーメンぐらいの少し塩辛めの味付けになる。

また塩25グラムでゆで、熱湯でゆすいだものは、私の感覚では少ししょっぱいが、もともと塩分が強めの外食を基準とすれば、ちょうどよい塩味と言えるかもしれない。

塩は沸騰してから入れる？

ゆでるときに塩を入れれば、味がつくし、コシが強くなる。ここまでは見てきたが、それ以外の理由もよく耳にする。例えば「塩は、ゆで汁の沸点を上げるために入れるのだ」という説だ。これが本当か確認しよう。

面倒なら読み飛ばしてもらってかまわないが、基準のゆで方で1リットルに塩10グラムを入れた場合、どれぐらい沸点が上がるかを計算してみる。

水のモル沸点上昇は0・52K・kg/mol。簡単に言うと、1リットルの水に1モルの物質が溶融していれば、沸点は0・52度ぶん上がるということだ。塩（塩化ナトリウム）1モルの質量は58・4グラムだから、ゆで汁に投入する10グラムは10÷58・4≒約0・17モルに相当する。ただし、塩は水の中でナトリウムイオンと塩化イオンに分かれるので、モル数で考えると2倍になる。塩10グラムを入れるというのは、0・17×2≒0・34モルの物質が水に溶融することを意味する。なので、沸点は0・34×0・52≒約0・18度、上昇すると計算できる。

同様の計算をすれば、塩6グラムなら約0・1度、塩25グラムなら約0・45度、塩30グラムなら約0・53度、沸点が上がることになる。厳密には、沸騰するころには水分が蒸発して塩分濃度が濃くなっているので、沸点もより上昇することになるだろう。たしかに、塩を入れることで沸点は上がるのである。

この沸点の問題は、塩を入れるタイミングともからんでくる。あるイタリアンシェフが書いたレシピ本に、「最初に塩を入れると沸騰するまでに時間がかかるので、真水を火にかけ、沸騰してから塩を入れたほうがいい」と書いてあった。おそらく食塩水のほうが真水より沸点は高いから、沸点温度に到達するまでの距離が長い、それゆえ時間がかかる、という理屈なのだろうが、これは明らかに間違いだ。

本当はパスタをゆでる1〜2パーセントの食塩水で考えたいが、そのデータが見つからなかったので、ここでは海水（3・9パーセントの塩水）と、真水で比較してみる。真水1グラムを1度上昇させるのに必要な熱量は1カロリーだが、これが海水だと0・94カロリー程度ですむ。塩水のほうが少ないエネルギーで温度上昇するのである。

海水の沸点はたしかに高く、100・7度。20度の海水を沸騰させるためには、100・7

ー20＝80・7度、上昇させないといけない。海水1グラムを1度上げるのに0・94カロリー使うなら、沸騰させるのに0・94×80・7＝75・86カロリー必要になる。

一方、真水の沸点は100度と海水より低いものの、1度上げるのに1カロリー必要だから、20度の真水1グラムを沸騰させるには1×80＝80カロリーが必要になる。つまり、真水を沸騰させるほうが、大きな熱量が必要なのだ。同じ火加減で熱を加えた場合、当然ながら塩水のほうが早く沸騰することになる。

パスタのゆで汁の塩分濃度は海水より低いので、この差は縮まる。沸騰するまでの時間差はほとんどないと考えるのが妥当だ。最初から塩を入れても、沸騰してから塩を入れても、特に差はない。あえて言うなら、先に塩を入れたほうが沸騰はごくわずかながら早くなる。イタリアンシェフの主張は正反対なのである。

塩は沸点を上げるため？

さて、ここで考えるべきは、塩10グラムで0・18度、塩25グラムでも0・45度という、微小な沸点の上昇が、パスタをゆでることに影響するかどうかである。

この程度の差が問題になるなら、当然、気圧や標高も意識せざるをえなくなってくる。沸点は標高や気温、気圧にも左右されるからだ。

この文章を書いているいま、海面気圧は約1010ヘクトパスカル、気温が23度、この場所の標高は80メートルだから、水の沸点は99・7度となる（計算が複雑で手に負えなかったので、近似計算してくれるウェブサイトに頼った）。

もし雨でも降って気圧が998ヘクトパスカルに下がったら、ほかの条件が同じでも、沸点は99・3度に下がる。これだけで0・4度の下落である。塩10グラムと25グラムの差以上だ。それがパスタの食感を左右するなら、低気圧が近づいたらパスタ作りはやめたほうがいいことになる。あるいは雨の日は沸点を上げるために、塩を多めに入れるほうがいいことになる。そんなことがありうるのか？

ちなみに、同じ1010ヘクトパスカルの気圧であっても、気温10度、標高2000メートルの山にいたとすれば、沸点は94度弱になる。6度も違えば、さすがにパスタの食感に影響を与えるだろう。山の上では沸点が下がってご飯がおいしく炊けないが、パスタも同様で、歯ごたえよくゆでるのは難しい。

沸点上昇がパスタの食感に影響を与えるかどうかを見る前に、そもそもなぜ沸点を上げる必要があるのか、を考えてみたい。

その理由としてよく言われるのは、「沸点を上げておけば、パスタを入れたときに温度が下がりすぎない」ということだ。

そこで計測してみた。もちろん、1リットルの水に100グラムのパスタという基準のゆで方である。塩25グラムだと沸騰時の水温は100・5度で、パスタを入れると99・5度に下がった。塩10グラムだと100・3度から98・9度に下がる。

下がったあとの水温には0・6度の差がある。この温度差が気になる人もいるかもしれない。高い温度でゆでたほうがおいしくなるという経験則は、パスタ好きなら誰でも持っているからだ。

実際、沸騰していないお湯でパスタをゆでると、グルテンによる弾性がそれほど高くならない。このため、デンプン粒に由来するネチッとした食感のほうだけを感じる。

だから、熱湯でゆでたほうがいいのは事実であるのだが、では、100度はOKで、98度ならダメなのか？　98度といえば、ほぼ沸騰した状態だが、それでも100度と差が出るのか？　右の例のように99・5度と98・9度でも大きな違いが出るのか？　そうした微妙な差がもたらす影響が予想できない。

　ならば、また検証実験である。

0・5度が影響を与えるのか？

　今回は鍋をふたつ用意した。どちらにも1リットルの水と塩25グラムが入れてある。片方の鍋は、ポコポコと軽く泡が出てくる程度の弱い中火で、つねに98〜99度ぐらいの水温を保つ。もう片方の鍋は、全体が細かく泡立つぐらいの強火で、つねに100度以上を保つ。強火だと吹きこぼれてしまうので、ふたつともフタをせずにパスタをゆでた。

　家族内二重盲検の結果、何度やっても、強火のほうがパスタの弾性が高く、硬さがあると判断できた。ただし、弱めの中火でも十分においしいと言える食感である。比較すれば、100度以上のほうがより硬いということだ。

　この結果を見て、ゆで汁が高温のほうがパスタはおいしくなる、と考えるのは早計だ。同じように真水を、弱い中火と強火にかけてパスタをゆでてみても、違いをはっきり区別できなかったからだ。

　ひょっとしたらと考え、塩25グラムのゆで汁の塩分濃度を計測してみる。弱い中火のほうが3・5パーセント、強火のほうが4パーセントだった。水の量も塩の量も同じだから塩分濃度は同じはずなのに、これだけの差が出たのは、強火のほうが水分がより蒸発したからである。つまり、この実験で感じた「違い」は、水温の差ではなく、塩分濃度の差によるものだった可能性があるわけだ。

　そこで今度は強火の鍋に、吹きこぼれをおさえる特殊なフタをし、水分の蒸発をおさえた。弱い中火の鍋はフタをしない。蒸発量はだいたい同じになるはずだ。

　結果はどうだったか？　両者をまったく区別できなかったのである。念のためにグルテン塊でも試してみたが、同様に違いを感じなかった。100度付近の0・5度程度の微小な差異は、パスタの弾性に有意な違いをもたらすと思えない。これが我が家での家庭内二重盲検による結論である。

　たしかに強火の鍋のほうがゆで汁の温度は高い。しかし、どちらも100度近い熱湯であるなら、0・5度ぐらいの違いを食感として感じ分けることはできない。

芯はないけどコシがある

ここで少し気になることが出てきた。微小な差異は感じとれないとしても、もし沸点が100度を超えて大きく上昇した場合はどうだろう。100度でゆでたものよりおいしく感じることはあるのだろうか？

私の使っている圧力鍋は沸点が110度になるという（フタを外すわけにいかないので、実際に計測することは不可能だが）。沸点が10度も違えば、さすがに違いが見えるのではないか？　そこで今度はこの圧力鍋で実験してみた。

鍋を変えた以外は、基準のゆで方である。圧力鍋に水1リットルと塩10グラムを入れてフタをせずに火にかけ、沸騰したらパスタを投入する。軽く上から押さえてパスタが湯につかったら、フタをして圧力をかけ、フタについたピンが上がったら弱火にする。9分たったらシンクに移し、鍋の上から水道水をかける。フタを開けるために、冷やして内部の気圧を下げるのだ。

食べてみて驚いた。普通にゆでたパスタとまったく違うのである。表面はヌルヌルとすべる。これは不快な感触ではなく、口に入れるとなめらかで結構気持ちがいい。噛むと弾むようだが、歯切れはよくない。プツンと噛み切れる感じがなく、噛み切られまいと抵抗するようなクニュクニュした食感がある。

パスタは水を吸ってふくらみ、アルデンテではまったくない。芯がない感じだ。重量を調べると、乾燥時の280パーセントにもなっていた。基準のゆで方の1・2倍である。通常のゆであがりに比べ水を吸いすぎており、水分勾配もかなり低いと思われる。

しかし、いわゆる「ゆですぎのパスタ」とはまったく違う。弾性があり、手打ちパスタ（と言っても手打ちの生パスタではなく、練りも機械がやってくれる、押し出し式の業務用電動パスタマシーンで作ったコシの強い生パスタ）に似た食感だ。乾燥パスタの食感とは違うものの、これはこれでおいしい。うどんのようにやわらかさとコシが共存した、実に日本人好みの味だと思う。

圧力鍋パスタはアリ

何が起きたかを知るために、グルテンとデンプン塊を圧力鍋でゆでてみた。

グルテンはほとんどふくらまず、密度が高いまま。これは鍋の中の圧力が高く、気泡があまりふくらまなかったからだが、市販のパスタには気泡が少ないので、それほど影響を与えないだろう。噛んでみれば、弾性は普通にゆでたものよりはるかに高い。前章で見たように加熱によって水分子が振動すると、分子の構造が崩れてグルテニンの疎水性アミノ酸が表面に露出し、分子同士が結びついてグルテンが硬くなる。より高温でより激しく振動が与えられれば、グルテンはさらに硬くなるわけだ。

デンプン塊も、圧力鍋のほうが明らかに硬く、噛むと歯を押し返すような強い歯ごたえが生まれた。この押し返すような食感は、普通の鍋に塩25グラムを入れてゆでたときより、ずっと強いものだ。高温であれば糊化はすすむ。パスタの周囲がヌルヌルしていたのは、表面のデンプン粒が崩壊した証拠だろう。その一方で内部のデンプン粒は高温下の激しい分子振動によって、一気に水を吸ってふくれあがり、張りが出たのかもしれない。

高圧もデンプンの構造を変性させるらしいのだが、関連論文などは見つけられず、この食感の理由を明確に示すことはできなかった。

グルテンとデンプン塊は圧力鍋を使って高温にすることで、普通の鍋を使うときとは明らかに違う変化を見せた。それゆえ、含水率が高くなってアルデンテの食感が失われているにもかかわらず、強いコシを感じさせたのである。

これでもし普通のパスタと同じ含水率にしたら、どうなるのか？　もちろん、実験してみた。ゆであがりの重さが２３０グラムになるよう、ゆで時間を調整したのである。私の使用している圧力鍋だと、ちょうど5分30秒で２３０グラムとなり、中心に細く芯がのこったアルデンテの状態に仕上がった。

この圧力鍋パスタの食感は、モチモチとした弾力と、デンプンに由来すると思われる強い歯ごたえがあり、噛んでいると顎《あご》が痛くなってくるほど。この食感は新しい。

私としては、この食感はアリだ。このパスタを供すれば、相手を驚かせつつ、なおかつおいしいと思わせることができる。重い圧力鍋を取り出したり、洗ったりするのはわずらわしいが、ゆで時間が短いという利点もある。

ただし、パスタをつねに圧力鍋でゆでようとまでは思わない。前述のように現代パスタのトレンドは、硬さと歯切れのよさへと向かっている。その方向でパスタを極めてこそ、パスタ道の本流と言えるだろう。

余談になるが、圧力鍋で仕上がり重量230グラムになる時間を割り出すために、3分ゆでたもの、3分半ゆでたもの、4分ゆでたもの、4分半ゆでたもの……と、いろんなゆで時間のパスタを試食せざるをえなかった。すると、ここでも新たな発見があった。まだ芯がはっきり残っているようなパスタであっても、圧力鍋でゆでたものは、結構おいしく食べられるのだ。

圧力鍋でゆでたパスタは、ポキポキと折れるような食感、つまりさほど吸水していない超アルデンテでさえ、意外においしい。おそらく中心部までしっかり高温になるためだと思われるが、この秘密もいずれ探ってみたいところだ。

アレニウスの式

これらをふまえて考えると、沸点が上がればパスタの弾性が増すこと自体は確かなようだ。圧力鍋で見たように沸点が10度も上がると、食感は明らかに変わった。

しかも、ゆで時間が短くなった。なぜ沸点が上がると、ゆで時間は減るのか？　アレニウスの式で説明してみたい。

アレニウスの式とは、ある温度における化学反応の速度を予測する式で、工業製品の耐久テストなどに、目安として使われるものだ。例えば、ある薬を気温25度で保存したときに、品質が何ヵ月ぐらい保持されるのかを調べたい。しかし、25度の環境でテストすると時間がかかりすぎる。そこで気温40度の環境でテストし、その結果をアレニウスの式にあてはめて、温度による反応速度の違いを計算する。

アレニウスの式で「40度での化学反応速度は25度のときの2倍である」と計算できたとしよう。すると、40度のテストで3ヵ月間もったなら、25度では6ヵ月もつと予想できる。25度での耐久テストを実際にやらなくても、その薬の有効期限を6ヵ月間と定めることが可能になる。

このアレニウスの式で計算すると、「活性化エネルギー（その物質に化学反応を起こすために与える必要がある最低限のエネルギー）」を50 kJ/molとした場合、沸点110度のときの化学反応の速度は、100度のときの1・52倍となる（計算式は非常にややこしいので、計算結果のみを示す）。結論だけ言えば、たった10度の違いで、化学反応が1・5倍も違うのである。

110度でゆでたときの1分は、100度でゆでたときの約1分30秒に相当するわけだ。圧力鍋でパスタ重量が230グラムになるまで約5分30秒かかったが、これは普通の鍋を使い100度でゆでていた場合の約8分22秒にあたる。圧力鍋に水をかけて冷やすのに30秒ぐらいかかっているので、標準ゆで時間の9分に近い数字になる。

沸点が10度上がるなら、これだけの違いが生まれるわけだが、1リットルの水に塩25グラムでは、沸点は0・45度しか上がらない。アレニウスの式にあてはめると、化学反応の速度は、わずか1・02倍にしかならない。

100・45度でゆでたときの1分は、100度でゆでたときの約1分1秒にしか相当しないとなれば、9分ゆでても、たった9秒程度の差しか生まれない。ゆであがったパスタをザルに上げたり、トングでつかんでフライパンに移したりする際に生じる誤差とさして変わらないではないか。

たしかに塩を入れれば沸点は上がる。沸点が上がればコシが強くなる。そこまでは事実だが、0・5度ぐらい沸点が上がったからといって、パスタには影響を与えない。これが結論だ。「沸点を上げるのが目的で塩を入れる」は俗説なのである。

もちろん、塩を入れることで沸点を10度も上げられるなら、意味はある。しかし、10度上げるためには、理論上、水1リットルに562グラムもの塩を入れる必要がある。もちろん、溶けきらない。飽和食塩水でも沸点上昇は7度程度なのだ。

ここまで長々と書いてきたわりに、予想どおりの結論で申し訳ない気がする（本当は「0・1度の沸点変化でパスタの食感は劇的に変化する。塩分量には細心の注意を払おう！」などと書いてみたかった……）。

たしかに塩を多めに入れれば、パスタの食感は変わる。しかし、それは沸点が上がるからではなく、塩そのものによってパスタの弾性が増すからなのである。

ヌルヌルを防げば吹きこぼれも減る

塩はパスタの噛みごたえを増すだけではない。口ざわりも変えてくれる。塩を入れれば入れるほど、パスタ表面のヌルヌルは減る。

ゆで汁に塩を多めに入れれば、糊化がおさえられるので、崩壊してしまうデンプンが減るからだ。さらに、グルテンの網目構造も強くなるので、グルテンが抱え込んでいるデンプンの崩壊のほうもおさえられる。実際、真水でパスタをゆでると、食塩水でゆでたときよりヌルヌルしている。

パスタのヌルヌルが少ないということは、同時に、ゆで汁にデンプンが流出していないことを意味する。実は、これが吹きこぼれ対策として有効なのだ。

ゆで汁が沸騰すると、鍋底のほうから水蒸気が気泡となってボコボコわいてくる。こうした気泡は水面に達するとはじけて消えるのだが、ゆで汁に粘り気があると、はじけにくくなる。はじけて消える気泡より、わいてくる気泡のほうが多くなると、泡はどんどんふくらみ、鍋から溢れてしまう。これが吹きこぼれの正体だ。塩を多めに入れて、ゆで汁の粘り気が少なくなれば、吹きこぼれも減る。

さらに付け加えるなら、ゆで汁が粘るのは、パスタの貴重な栄養分が流出してしまったことも意味する。

塩によってパスタのコシが出る一方、デンプンという栄養分の流出がおさえられる。ゆで汁の粘り気が減れば、吹きこぼれも減る。しょっぱくなりすぎるという問題さえクリアできれば、塩を多めに入れるメリットはたくさんある。

海塩のほうがおいしい

ここまでは塩の「量」を検証してきたが、塩の「質」についても考えてみたい。というのも、塩化ナトリウムが99パーセント以上を占める食塩と、にがり成分などが入った海塩では、パスタへの塩味の入り方が違うと言われることがあるからだ。

そこで、私がよく使っている「粟国《あぐに》の塩」という沖縄の海塩で試してみよう。これを使ってパスタをゆで、普通の食塩でゆでたものと比較したところ、たしかに普通の食塩を使ったもののほうが塩味は鋭いように感じる。二重盲検法で試したが、9割の確率で正確に区別することができた。

ただ、これは海塩の持つミネラルに由来する味を、舌が区別しただけかもしれない。塩分計で計測してみたが、粟国の塩の塩分濃度のほうが0・1パーセントほど低く表示されるケースが何度かあったものの、ほとんどの場合はまったく同じ濃度と表示された。家庭用塩分計の精度を考えれば、この0・1パーセントはあまり参考にはならないだろう。

おいしさで比較すると、粟国の塩でゆでたほうに軍配が上がる。ゆで汁を味わってみると、

沖縄の「粟国の塩」にはたっぷりのミネラルが含まれている

精製塩よりも複雑な味を感じる。ゆでたパスタだとその差はかなり微妙なものになるので、パスタを濃いソースにからめたりするならば、違いを感じることは難しいかもしれないが、シンプルなペペロンチーノなら味のよさにも貢献すると思われる。

海塩もコシを強くする

実は、味の向上のほかに、にがり成分の入った塩を使うメリットはある。

パスタは硬水でゆでたほうがおいしい、という話を聞いたことはないだろうか。硬水とは、塩化カルシウムや塩化マグネシウムがイオンとなってたくさん溶けている水のことで、軟水は、それらがさほど含まれていない水のことを指す。

マグネシウムイオンやカルシウムイオンは、プラスの電荷を持っている。グルテニンに含まれるグルタミン酸の負電荷を、ナトリウムイオンが中和する話をしたが、カルシウムイオンはナトリウムイオンより多くの中和作用があるので、いっそうグルテニンの結合を強めることができる。硬水を使えばグルテンの弾性は増し、歯切れもよくなるわけだ。

一方、デンプンに対しても、これらのイオンは影響をおよぼす。マグネシウムイオンやカルシウムイオンは、デンプンの周囲にある水分子を奪い取って糊化を抑制する。その一方で、これらのイオンはデンプン粒に入り込んで膨潤する。つまり、モッチリと粘らせつつ、アルデンテの食感を維持できる可能性がある。

それゆえ硬水を使えばパスタをおいしくゆでられるのだ。にがり成分には、まさにそのマグネシウムやカルシウムが含まれている。にがり成分入りの塩を入れることで、普通の水道水を硬水に変えることができるわけだ。

粟国の塩には、100グラムあたりカルシウムが550ミリグラム、マグネシウムが1530ミリグラム含まれている。水1リットルに粟国の塩10グラムを入れると、カルシウム55ミリグラム、マグネシウム153ミリグラムが溶けることになるが、これは硬水の水準に達している。

ちなみに、日本でポピュラーな硬水のミネラルウォーター「エビアン」は1リットルあたりカルシウムが80ミリグラム、マグネシウムが26ミリグラム。超硬水として知られるイタリアのミネラルウォーター「クールマイヨール」はカルシウムが530ミリグラム、マグネシウムが70ミリグラム溶けている。

味だけでなくコシの強化にも、にがり成分入りの塩は貢献するのである。ただし、にがり成分入りの海塩でも、製品によって含有量は大きく異なる。なるべくカルシウムやマグネシウムの含有量が多い塩を使うとよいだろう。

岩塩を使う意味はない

自然塩の実験結果に味をしめて、今度は岩塩を試してみた。ところが、食塩との違いがまったく感じられない。塩分濃度計で計測しても、数値は同じだった。

それもそのはずで、元日本塩工業会顧問の尾方昇氏のウェブサイト「塩の情報室」によれば、岩塩にはミネラル分が含まれておらず、食塩同様、塩化ナトリウムが99パーセント以上を占めるのだそうだ（ただし、マグネシウムなどを添加することで98パーセント程度になった商品もある）。岩塩は自然の中で長い時間かけて精製されただけの話で、純度の高い塩化ナトリウムの結晶なのである。

日本で入手しやすい岩塩の多くは「溶解法」で精製されたものだ。岩塩を一度水に溶かして炊いたもので、その特徴は食塩と変わらない。パスタをゆでる際に私が使ったのも溶解法の岩塩だったが、食塩との比較にさしたる意味はなかったわけである。

一方、溶解法ではなく、鉱床から直接採掘した岩塩も存在する。しかし、不純物は含まれるものの、こちらにもマグネシウムなどのミネラル分はほとんどない。採掘岩塩と精製岩塩の最大の違いは、採掘岩塩のほうが硬く溶けにくいことであるという。

「そんなことはない。岩塩は甘味があっておいしいんだ」と言う人がいるかもしれない。実際、私も採掘岩塩を舐めたときには甘味を感じた。しかし、尾方氏によるとこの甘みは、岩塩が溶けるのが遅いために、塩味を薄く感じることが原因だという。

採掘岩塩を使ってパスタをゆで比べても違いは分からず、ゆで汁だけを味見しても区別がつかない。甘さを感じることもなかった。岩塩でパスタをゆでろと推奨するイタリア料理のシェフもいるが、意味がないようだ。
ヨーロッパで使用される塩は岩塩、それも溶解岩塩が主流だ。しかし水は硬水であるから、パスタをゆでるとき、マグネシウムやカルシウムが水によって添加される。一方、日本は軟水の国だ。だから、にがり成分の入った海塩を使ってはじめて、ゆで汁にマグネシウムを添加し、同じような硬度にできる。

そう考えれば、少しお金はかかるが、にがり成分の多い海塩を入れれば、いっそうおいしくパスタをゆでることができるだろう。

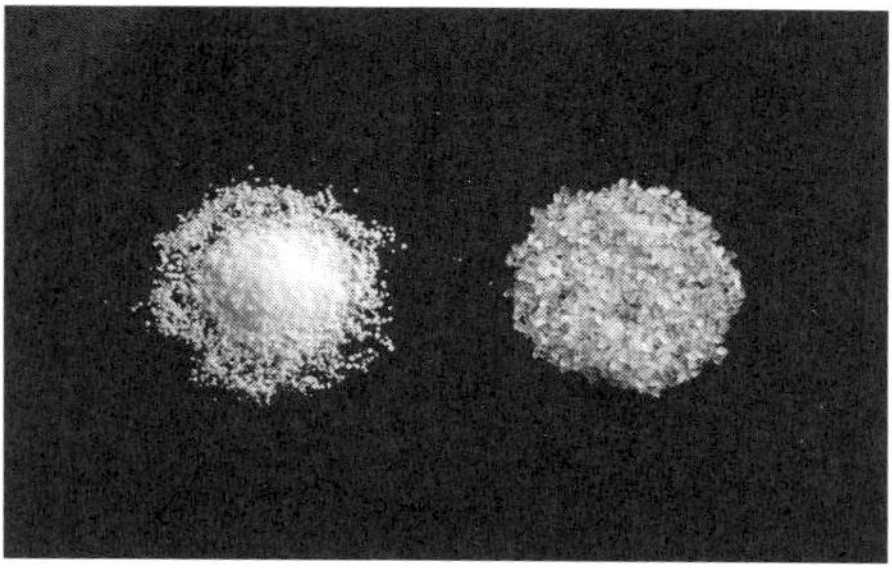

溶解岩塩（左）も採掘岩塩（右）もミネラル分は含まない

水は多いほうがいいのだが

ゆで汁の塩について見てきたが、最後に水についてもふれておこう。まずは、ゆでるのに必要な「量」について考えてみる。

パスタをゆでる水は多いほうがいい、ということは想像がつく。たっぷりの水があれば、パスタは早い段階でゆで汁に全部つかるので、均一にゆであげることができる。鍋の中にスペースがあれば、パスタ同士がくっつかないし、ゆで汁の粘度も低くなるので吹きこぼれもしにくい。メリットは次々に思いつく。

しかし、だからといって100グラムのパスタをゆでるのに、巨大な寸胴鍋に10リットルもの水を入れる必要はないだろう。パスタを最初からすべてゆで汁につけるために、どれくらいの水量が必要か考えてみよう。

ごく一般的な円筒形の鍋を想定する。内径20センチで、対角線上に長さ25センチのパスタが収まるなら、パスタがギリギリつかる水の高さは、ピタゴラスの定理で15センチと計算できる。その場合の水の量は、10×10×3・14×15＝4710立方センチ。つまり4・7リットル強だ。

内径20センチ、高さ15センチ以上の鍋は、家庭用ではかなり大きな部類に属するものの、普通に入手できる。しかし、4・7リットルの水を使うとなれば、基準のゆで方と同じ0・99パーセントの塩分濃度にするだけで47グラムもの塩が必要だ。濃い塩分濃度でゆでようなんて考えると、塩の量はすさまじいことになる。

パスタがゆであがれば、これらの水や塩の大半は捨ててしまうのだから、さすがに無駄な感じは否めない。

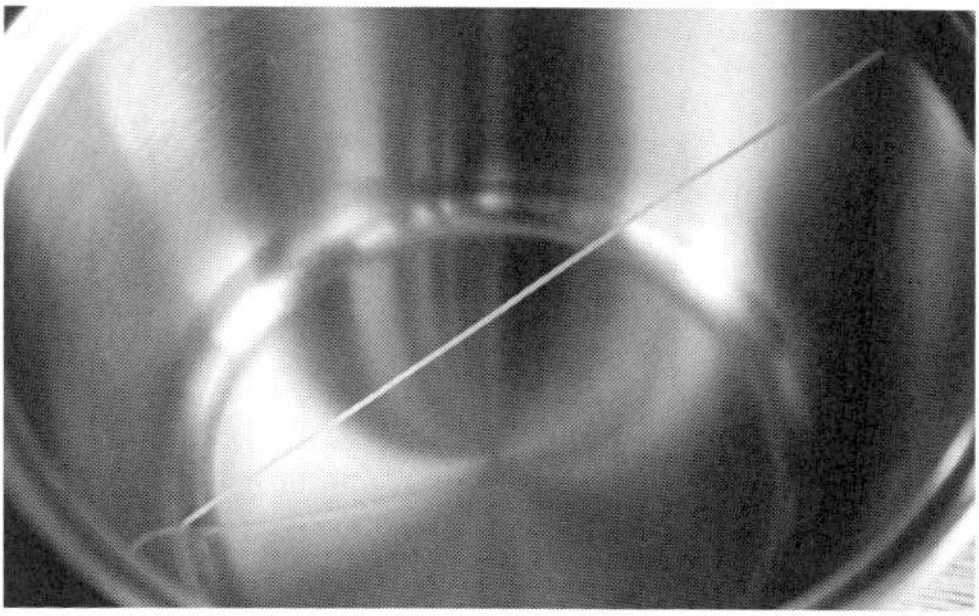
パスタがつかる水の高さはピタゴラスの定理で計算できる

1分ぐらい出ていても

ここで少し冷静になろう。ゆではじめの段階でパスタの一部がゆで汁につかっていないことは、本当に大問題なのだろうか？　確認する必要がある。

私が愛用する鍋「ユータイムⅢ」は内径14センチ、高さ12センチ。1リットルの水を入れた場合、水の高さは6・5センチになる。パスタを斜めに置いても鍋のふちからはみ出て、ゆで汁には下から10センチ弱程度しかつからない。上から約15センチが水上に顔を出した状態でスタートするわけだ（本章扉の写真）。

パスタを投入したあと、フタやトングを使ってゆで汁に押し込めば、30秒〜1分程度で完全につかる。

ゆであがったパスタを食べ比べてみたが、場所によって硬さが違うなどのゆでムラは気にならなかった。最初の1分ほど水面の上に出ていた部分を食べると少し硬いが、十分においしく食べられるレベルで、全体を混ぜてしまえば気づかない。最初からすべてゆで汁につかった状態でゆでたパスタと食べ比べると、やはり全体として少し硬いものの、ゆでムラは感じず、おいしく食べることができる。

では、ゆでムラは、どの段階から気になり出すのか？　実験してみたが、パスタの一部がゆで汁につからない時間が2分間になると、水から出ていた部分がボリボリとした食感となる。混ぜ合わせてもその硬さが全体の食感に悪影響を与える。

パスタの一部がゆで汁につかっていなくても大丈夫な時間は、パスタをおいしく食べられるゆで時間の幅に依存していると言える。あくまで私の感覚だが、バリラの1・7ミリスパゲッティは標準ゆで時間の1分前ならおいしく食べられるが、2分前だと硬く感じる。それゆえ、ゆではじめて1分ほどパスタがゆで汁につかっていなくても、おいしく食べられたわけだ。これはパスタの種類やメーカーによっても変わるので、自分がふだん使うパスタで試してみるといい。

これらをふまえて私の結論を出せば、1分以内にパスタがゆで汁にすべて沈むなら、わざわざ大量の水を用意して最初からパスタをつける必要はない。

ただし、つからないと別の問題も出てくる。鍋の外にはみ出した部分が、ガス火の火力で白くなる、いわゆる「火ぶくれ」が生じやすいのだ。火ぶくれの部分はゆでても硬いままで、パスタの味を損なう。これは火が強いほど、そして火とパスタの距離が近いほど起こりやすいので、浅鍋でパスタをゆでる場合は特に注意が必要だ。

また、ゆで汁から出た部分同士が寄り添った状態で蒸気にあたると、パスタ同士がくっつくことがある。こうなるとゆで汁につかったあとも火がとおりにくく、違和感のあるボリボリとした食感になってしまう。

だから、最初から完全につかる必要はないにしても、鍋はなるべく深さがあるものを使ったほうがいいだろう。またゆで汁につかっていないパスタ同士がくっつかないよう、できるだけ早くパスタを押し込むべきだ。

硬水か軟水か

今度は水の「質」について考えてみよう。

いちばん気になるのは、硬水と軟水の違いである。日本は、沖縄を除けばだいたい軟水だが、イタリアの水はカルシウムイオンが多い硬水だ。すなわち、パスタの本場では硬水でゆでられているのである。

塩の項で解説したように、マグネシウムイオンやカルシウムイオンには、グルテンの弾性を増し、デンプンの糊化を抑制しつつ粘度を高める作用がある。

ナポリ近郊で取水したという硬水のミネラルウォーターを買ってきて、パスタをゆでてみた。たしかに硬さを感じ、食感に違いが出る。

ただし、基準のパスタとしたバリラ社のものなど最新の工場で生産されるパスタは、軟水でも十分にコシが出るように研究されているため、さほど大きな差は出ない。伝統的な製法で作られたパスタの場合は別だ。伝統的なパスタを水道水でゆでると、それほどコシは強くならないが、硬水を使ってゆでると、明らかにコシが出るのが実感できる。

特別な日、特別な人のために、特別なパスタをプリップリにゆであげたいと思ったら、硬水を使うメリットはある。しかし、塩の項で見たように、ミネラル分の多い海塩を水道水に入れれば、硬水に近い効果を出せる。コストを考えれば水道水で十分だと思う。

アルカリ水でラーメン風パスタ

水の質としては、酸性の水を使うべきか、アルカリ性の水を使うべきか、という問題もあるだろう。

日本の水道水はだいたいpH7〜8の中性だ。つまりわれわれはふだん中性の水でパスタをゆでている。その水が酸性、あるいはアルカリ性に変わると、いったいどんな変化があるのだろうか?

日本の温泉地から取水されたpH9・9というミネラルウォーターを見つけたので、それでゆでてみたところ、劇的な変化があった。面白いことに、匂いも食感もラーメンのようになったのだ。

pHが高くなる（アルカリ性に傾く）と、グルテンはより硬く結合する一方、デンプンの糊化は促進される。それが食感に反映されたのだろう。ラーメンは生地を作るとき、独特の食感を出すためにアルカリ性の「かん水」を加える。アルカリ性のゆで汁も、麺に似たような効果をおよぼすようだ。

ちなみに、ラーメンのような匂いは、アンモニアが原因だと思われる。グルテンに含まれるグルタミン酸やアスパラギン酸がアルカリ性の環境に置かれると、アンモニアが遊離する。それが匂いの原因となるのだ。

この独特の食感は魅力的ではあるが、「パスタをラーメンみたいにゆであげる」というサプライズを仕掛けるのでもなければ、アルカリ度の高い水を使う必要はないだろう。

一方、pHの低い（酸性に傾いた）水では、グルテンの結合が切れ、パスタのコシがなくなる。また酸はデンプンのアミロースやアミロペクチンも分解してしまう。パスタ内部の水を吸ってふくらんだデンプン粒は酸の影響を受けにくいとはいえ、これではわざわざ酸度の高い水を使用する意味はない。

第 3 章

どんなパスタを選ぶか

ツルツルかザラザラか

ここまで、塩や水の違いが、ゆでたパスタにどんな影響をおよぼすかを見てきた。本章ではパスタそのものについて考えたい。ペペロンチーノという料理に合うパスタとして、どんなものを選べばいいのだろうか？

パスタを特徴づけるものとしてよく言及されるのが、「ダイス」の違いと乾燥方法の違いだ。パスタは、練った生地を押出機に入れ、ところてんの要領で圧力をかけて押し出すことであの細長い形状になる。このとき押出機の先端につけられる、たくさん穴の開いた口金がダイスである。

乾燥パスタは伝統的に青銅製の「ブロンズダイス」で作られてきたが、1958年、バリラ社が合成樹脂のダイスを開発する。このダイスはツルツルとしていて摩擦係数が低いので、パスタを押し出しやすい。摩耗しにくいぶん、ダイスの耐久性が高いメリットもある。工場でパスタを大量生産するのに適したダイスなのだ。

樹脂製のダイスはポリテトラフルオロエチレンやポリカーボネート、ポリエチレンなどで作られているが、ポリテトラフルオロエチレンの商標であるテフロン®の名から、一般に「テフロンダイス」と呼ばれている。ちなみに、フライパンをフッ素樹脂加工するとき、よく使われる物質がポリテトラフルオロエチレンだ。

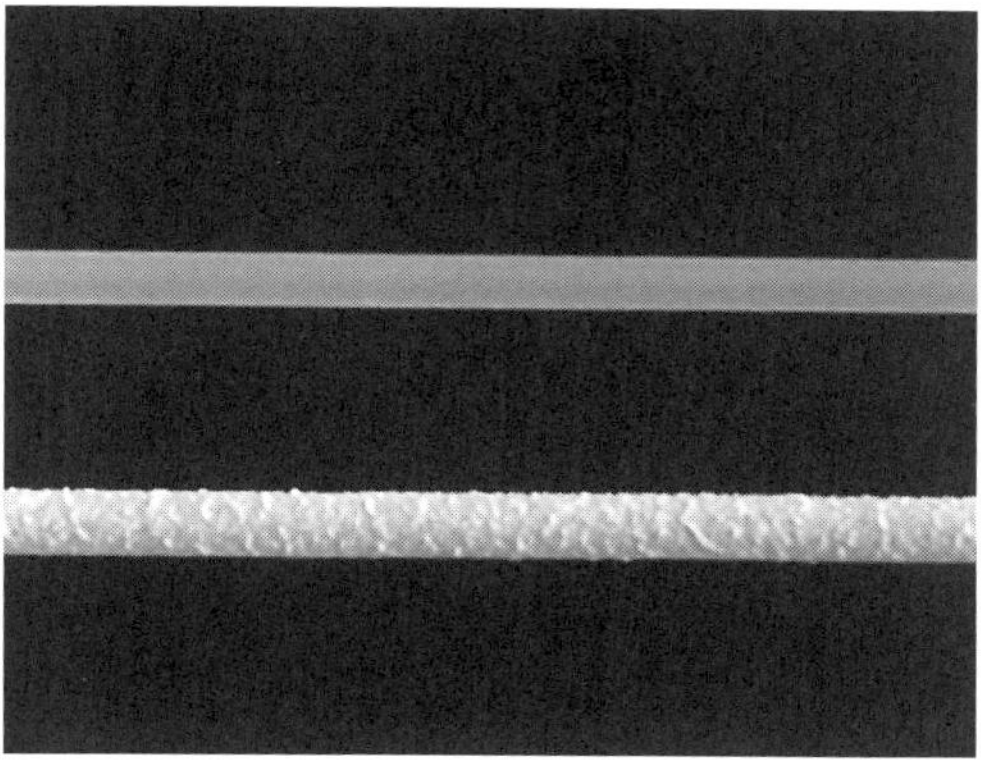

テフロンダイスを使ったパスタ（上）の表面はツルツルしているが、ブロンズダイスを使ったパスタ（下）の表面はザラザラしている

テフロンダイスを使ったパスタの特徴は、表面がツルツルしていることである。表面に凹凸が少なければ、パスタの表面積は小さくなる。このためパスタからのデンプンの流出が少なく、ゆで汁は濁りにくい。逆にパスタへの水分の浸透もゆっくりなので、アルデンテの食感が持続する。

一方、ブロンズダイスの表面はザラついているので、押し出す際の摩擦が大きい。摩耗しやすいぶん、耐久性はテフロンダイスより低い。生地との摩擦でダイスの穴が削られて穴が大きくなりやすく、パスタの直径にばらつきが出ることもある。近代的な大量生産にあまり向いているとは言いがたい。

ブロンズダイスを使ったパスタの特徴は、表面がザラザラしていることである。表面にザラつきがあるおかげでソースがからみやすいのは、大きな魅力だ。しかし、パスタの表面積が大きくなるぶん、デンプンの流出が多く、ゆで汁は濁りやすい。パスタへの水の浸透も早くなるから、コシのある状態を長く保てない弱点がある。

伝統か革新か

テフロンダイスかブロンズダイスか、という分け方のほかに、高温乾燥か低温乾燥か、という二分法もある。押出機から出てきたばかりのパスタはまだ湿った状態なので、乾燥パスタにするにはもうひと手間かかる。その乾燥作業を高温でやるのか、低温でやるのかの違いである。

一般的に、テフロンダイスのパスタは高温乾燥、ブロンズダイスのパスタは低温乾燥という組み合わせになっている。

古来パスタは、戸外で天日に干されていた。だからこそ、乾燥パスタの伝統的な生産地は、シチリア島やナポリ近郊など南イタリアの乾燥した地域なのだ。16世紀にパスタ押出機が発明されて以来、南イタリアでは、ブロンズダイスから出てきたパスタが天日でじっくりと乾燥させられてきた。

この伝統的な天日干しに近い条件で乾燥させたのが、低温乾燥のパスタだ。それゆえディ・チェコなど伝統的製法をうたうメーカーや、南イタリアの小さなパスタ工房などでは、あえてブロンズダイスで低温乾燥のパスタを作っている。低温で乾燥したパスタは、熱による変質が避けられ、小麦の香りも高いパスタとなる。

一方、バリラや日本の大手メーカーの大半は、テフロンダイスで高温乾燥だ。高温乾燥だと熱変性によって小麦の香りはあまりしなくなるが、短時間で乾燥させられれば生産効率はよい。大量生産が可能になれば、安価な商品を多くの人に提供できる。高温乾燥させることで、歯切れのいい食感も生まれる。

もちろん、「テフロンダイスで低温乾燥」や「ブロンズダイスで高温乾燥」という組み合わせがあったっていい。しかし、テフロンダイスを使うと、いくら低温乾燥でも「伝統的なパスタ」という売り口上は使えない。ブロンズダイスを使うと、いくら高温乾燥でも大量生産に支障が出る。

トスカーナ州のファブリというメーカーは「テフロンダイスで低温乾燥」のパスタも売り出しているが、これは稀有な例。通常はパスタはふたつの方向性に分かれていると言っていい。すなわち、ブロンズダイス&低温乾燥の、表面がザラザラで、食感はやわらかめで、小麦の香り高いパスタか。テフロンダイス&高温乾燥の、表面がツルツルで、食感は硬め、小麦の香りが控えめなパスタか。

ここで注意すべきなのは、伝統的な製法のパスタがすばらしく、現代的な製法のパスタがダメというわけではないことだ。

テフロンダイス&高温乾燥パスタの、表面のツルツル感、噛んだときの硬さと歯切れのよさは心地よい。ペペロンチーノの場合、オイルソースのなめらかな食感を生かすため、表面がツルツルしたパスタのほうが適していると言われることが多い。

表面がツルツルだと、表面積が小さいぶんパスタへの水分の浸透が遅い。コシのある状態が持続するので、ゆで時間に神経質になる必要がない。誰かに供した際に「伸びちゃうから早く食べて！」と急かさなくていいのはうれしい。ゆでるときもパスタ同士がくっつきにくく、吹きこぼれもしにくい。誰にでも扱いやすい。

麺が伸びにくい点を気に入って、テフロンダイス＆高温乾燥のパスタを採用するプロのシェフも多い。客に対して「早く食べないと、伸びちゃいますよ」とは、さすがに言えないからだ。また、ソースを合わせるときに、小麦の香りの強さがじゃまになると考えるシェフも結構いるようだ。

11分ゆでても、なぜかおいしい

私はここまで、バリラ社の直径1・7ミリのスパゲッティ（本章扉の写真）を「基準」として、数えきれない実験をくり返してきた。これはテフロンダイス＆高温乾燥のパスタだが、使えば使うほど製品としての秀逸さを痛感する。現代のパスタがいかにさまざまな問題を研究しつくして作られているか、畏怖の念を覚えるほどだ。

実は、本書のために実験をはじめたあとも、なかなか筆をすすめることができなかった。どんな実験をやっても、うまくいかないのである。あとで気づいたが、この原因は「バリラ社の現代的パスタの優秀性」にあった。

いちばん最初にやった実験は、ゆで時間の検証だった。鍋に水1リットルと塩10グラムを入れて火にかけ、沸騰したらバリラのパスタ100グラムを投入する。

ゆで時間は、パッケージに書かれた標準ゆで時間9分を中心に、いろいろ変えてみた。8分30秒、8分、7分30秒、7分と時間を減らしていった。逆に、9分30秒、10分、10分30秒、11分と時間を増やしていった。

微妙な時間差で、食感はどう変化するのだろう？　期待でいっぱいだった。というのも、「スパゲッティなどのロングパスタは、理想的なゆであがりに向かって刻一刻と食感が変化する。理想的なアルデンテの歯ごたえとなる最適なタイミングを逃せば、すべてが台無しになる」といった記述をよく見かけるからだ。「最適なタイミング」なるものを見逃してはならない。そんな緊張感もあった。

しかしである。まったく予想もしない結果が出た。

7分ゆでたものはさすがにポリポリと硬すぎる食感だったが、8分のものは硬めでも十分おいしい。8分30秒、そして9分30秒ゆでたものは、標準時間の9分でゆでたものと、あまり変わらないのである。10分ゆでても、まだ張りがあって十分においしい。11分ゆでると、やわらかいが弾力はある。もちろん差はあるが、どれも「すべてが台無しになる」ほどひどい仕上がりではなかった。

パスタの細かい部分にまでこだわった本に取り組んでいる身としては、「わずか10秒の差が、パスタのゆであがりを大きく左右する」などと書きたいところ。「ゆで時間なんか適当でOK！」じゃ締まらない。

これはいったいどういうことなのか？　実験のやり方に問題でもあるのか？　当時は「刻一刻と変化する」前提を疑いもしなかっただけに、何が原因か見えなくてあせった。

なぜゆで時間には神経質でないのか

それがバリラの優秀性によるものだと気づいたのは、久々にブロンズダイス&低温乾燥のパスタをゆでたときのことだ。たまたま時間を計るのを忘れてしまい、あっという間にゆですぎになってしまった。

いまになって考えれば、標準ゆで時間を2分すぎてもテフロンダイス&高温乾燥のパスタがおいしかった理由を、こう説明できる。ツルツルの表面は水が浸透しにくく、デンプンの崩壊も起きにくい。非常にしっかりとしたグルテンの網目構造ができているので、グルテンの弾力も持続する。だから、11分ゆでてもおいしかったのだと。もちろんアルデンテではないのだが、コシは強いという状態だ。

しかし、この当時はまだアルデンテとコシの区別もあいまいだったので、完全に頭を抱え込んでしまった。

たまたまバリラを基準として選んだので、いきなり、こうした難問に直面させられた。もし私がよく使っているブロンズダイス&低温乾燥の「マンチーニ」を基準に選んでいたら、現代製品の優秀性に気づくこともなかっただろう。

このマンチーニ(直径1・8ミリ)はだいたい9分で重さが230パーセントになり、ほどよいゆであがりとなるが、10分ではやわらかくなってしまう。

ここまで塩や水について、あきれるほど細かい検証をしてきた。その一方で、ゆで時間についてうるさく書いていないのは、そういう事情がある。バリラなど、現代的な製造法のテフロンダイス&高温乾燥パスタを使うかぎり、さほど神経質になる必要はなく、逆に伝統的な製法のブロンズダイス&低温乾燥パスタを使う場合は、メーカーによって差が大きいため一般論として語ることができないのだ。

加えて言えば、塩の量などによってパスタの弾性を高める工夫をすれば、ゆで時間にそれほど神経質にならなくても、プリプリのパスタは実現できる。ゆであげたあとにフライパンでどう熱するかという工程によっても、ゆで時間を調節する必要がある。しかもアルデンテをめぐっては好みの個人差も大きい。それゆえ明確に「ゆで時間は◯分!」と明示できないことをご勘弁いただきたい。

ここで悩み、徹底的に理由を追究したおかげで、逆にグルテンやデンプンの変化と固有の食感など、これまでにない新しい視点が生まれた。アルデンテとコシの違いも発見した。細部にこだわることで、当初考えていた以上にパスタを掘り下げることができたのだから、いまとなってはありがたい経験だった。

適当にゆでてもおいしさを担保してくれる現代のパスタは、すばらしく、また恐ろしい製品なのである。

現代パスタはなぜ刺激的か

実はテフロンダイス&高温乾燥の現代パスタは、扱いが簡単なだけではない。食感も非常にいい。

高温で一気に乾燥させようとすると、パスタはひび割れしてしまう。そこで湿度60~90パーセントという多湿状態で乾燥させるのだが、これがグルテニンの結びつきを強くし、デンプンを部分的に糊化させる。パスタの歯切れはよくなり、硬さが増すわけだ。この過程で小麦の香りは少なくなるものの、パスタならではの硬くプチンプチンと歯切れのよい食感はいっそう高まるのだ。

工場での大量生産と聞くと、小さなパスタ工房での手作りよりも下に見てしまいがちだが、ブロンズダイス&低温乾燥では出せない歯ごたえもあるということだ。

では、テフロンダイス&高温乾燥とブロンズダイス&低温乾燥では、どちらがペペロンチーノに向いているのか?

これは、ペペロンチーノという料理の定義にかかわってくる。プロローグで「ペペロンチーノは気持ちをたかぶらせる刺激的な料理だ」と書いた（なぜ刺激的なのかの解説は、第6章まで待ってほしい。ニンニクと唐辛子にふれないと説明できないからだ）。そこを重視するかどうかで、答えは分かれるだろう。

刺激的という意味では、テフロンダイス&高温乾燥パスタの、歯切れ、硬さ、ツルツル感は口内を刺激する。一方、ブロンズダイス&低温乾燥の太いパスタは、逆になかなか噛み切れないような粘りとコシが口内を刺激する。つまり、その中間にある、歯切れも硬さもコシもほどほどの「平均点のパスタ」は、あまりペペロンチーノにはそぐわない、と考えたほうがいい。

テフロンダイス&高温乾燥かブロンズダイス&低温乾燥かは、どんな刺激を求めるかで使い分ければいいのだ。

細麺か太麺か

もうひとつ、ペペロンチーノを作る際に議論になるのは、どれくらいの太さのパスタを使うべきか、という問題だ。

さまざまな店でペペロンチーノを食べたが、細めのスパゲッティーニ(直径1・4ミリ程度)を使っているレストランが多いようだ。これはオペレーションの問題も大きいだろう。細いと早くゆであがるので、客を待たせずにすむ。

たしかに、細麺をアルデンテにゆでると歯切れがよく、口内に心地よい刺激がある。オイルソースとのからみもいい。しかし、作る側の都合という面も強いと思われるのだ。

細麺といえども、カペッリーニなど直径1ミリ前後の細さまでいってしまうと、フライパンで熱いオイルソースとからめるときに火がとおりすぎてしまう。やわらかくなり、簡単にちぎれるようになる。油がからみすぎてベタベタにもなる。ゆであがったあとに水で締めてからオイルソースにからめれば、やわらかくなりすぎる点だけは回避できるものの、細い麺にたっぷりの油がからみつくのは同じことだ。

基準のゆで方ではパスタの太さを直径1・7ミリとしたが、これは単にもっとも一般的に売られているからという理由であって、ペペロンチーノに向いているかどうかは別問題である。実際にこの太さでペペロンチーノを作ると、欠点はなく、まったく問題ない味と言えるものの、だからと言ってすばらしく合うというわけでもない。特に主張のない食感とでも言えばいいだろうか。
逆に基準より太くするとどうだろう？

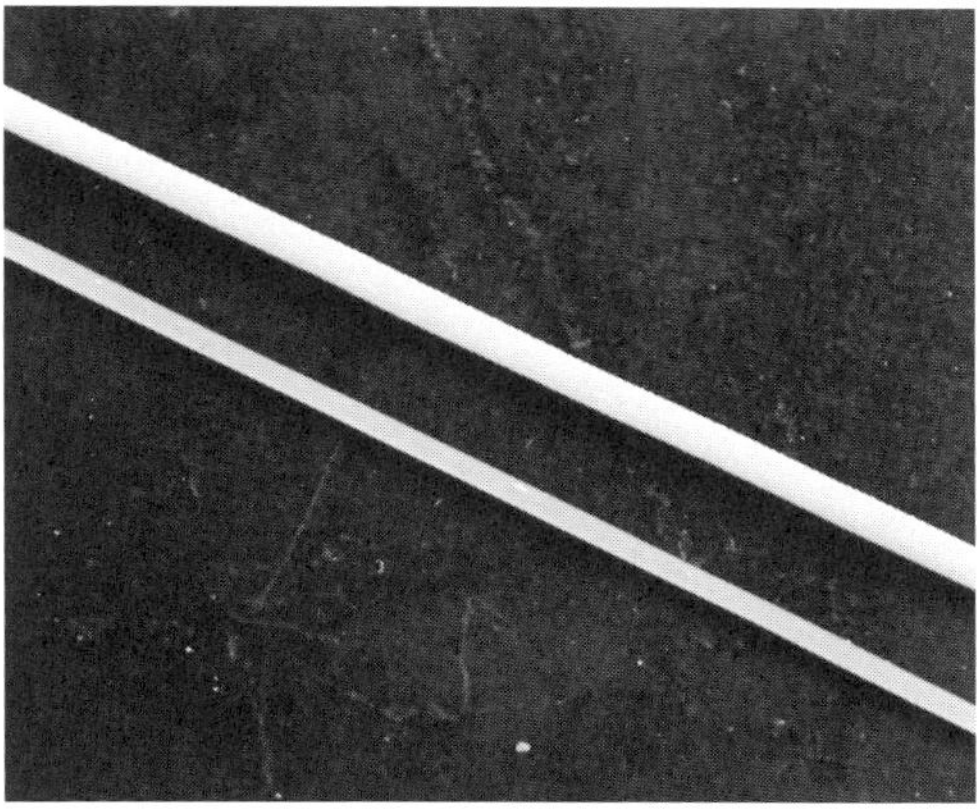
ヴェルミチェッリ（上）とスパゲッティーニの太さはこんなに違う

1・9ミリのスパゲッティは、麺の存在感が増し、歯への重く強い感触が、ニンニクや唐辛子の強さに負けない感じがする。

さらにもっと太くし、ヴェルミチェッリと呼ばれる直径2・1ミリ程度のパスタ（ややこしいことに、ヴェルミチェッリの英語読みであるバーミセリは、ビーフンやベトナムのブンなど世界各国の極細の麺を指す）を使うと、存在感はさらに大きくなり、弾けるような歯ごたえが心地よい。ニンニクや唐辛子の風味に負けず、パスタの持つ小麦の風味がしっかり味わえる。

次に形状も変えてみた。断面が四角いキタ

ツラを使うと、丸いパスタにはない食感が新鮮で刺激的。これもかなりおすすめだ。

ただし形状が違うと刺激的になるのかと言うと、そうでもない。ショートパスタのフジッリで作ってみたが、これがいちばんダメだった。やはりロングパスタならではのツルツル感や噛んだときにプツンと弾ける感覚が、ペペロンチーノには不可欠のようだ。

このなかでひとつすすめるとしたら、2・1ミリのヴェルミチェッリだ。特に小さな工房のブロンズダイス&低温乾燥のパスタは、味も香りもニンニク・唐辛子に負けない。次章で紹介する「勝負ペペロンのゆで方」を使えば、弾力も申しぶんないものとなる。噛み切れないほどの粘りとコシが口内を刺激し、絶品のペペロンチーノができあがる。

17センチが食べやすい

つづいて、パスタの長さについて検討してみる。長いほうがおいしく感じられるのか、それとも短いほうがおいしく感じられるのか。食べ比べてみよう。

私の知るかぎり、いま日本で手に入るパスタでいちばん長いものは1メートル程度のものだ。半分のところで竿にかけて乾燥させるので、U字形をしている。だから1メートルは全長であって、50センチほどの長さでパッケージされている。
曲げた部分は弱くなるため、U字の頂点で折れているものも結構多いのだが、なるべく折れていない麺を選び、大きな寸胴鍋にたっぷりの湯をわかす。こういった長いパスタはポキポキ折って使うのが本来の食べ方だが、いまは長い麺の食べ心地を知りたいので、1メートルのままゆでる。

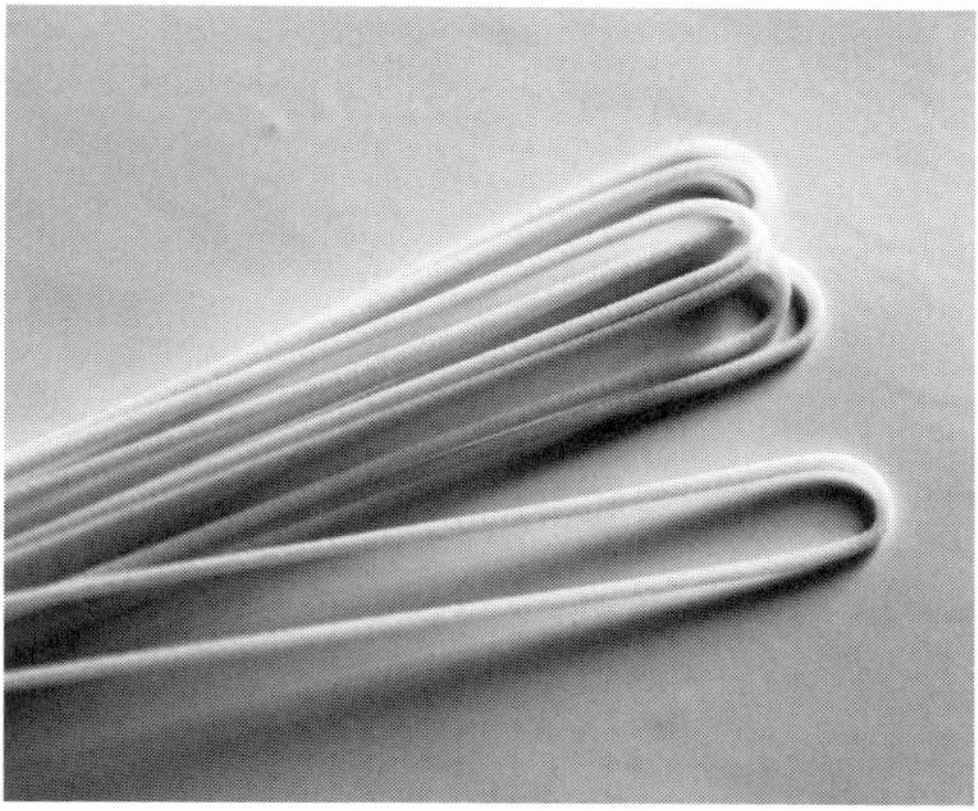
1メートルの長さといっても、途中でU字に折れている

もちろん、それ以外の長さも用意した。1メートルのものを半分に折って50センチのものを作る。

あとは市販されている一般的な長さである25センチ。さらに、その基準パスタを3分の2に切った17センチ、半分に折った13センチ。3分の1に切った8センチ（要するに、3分の2に切ったものの残りである)。

これらの6種類の長さで、それぞれペペロンチーノを作ってみた。どれも基準のゆで方でゆでて、同じやり方でオイルソースをからめた(オイルソースの作り方については、第5章以降でくわしく解説する)。

厳密な意味での食味については、さほど差はない。しかし、食べやすさについては大きな違いがあった。

短いほうから紹介すると、まず8センチのパスタだが、とにかくフォークで食べにくい。クルクルと巻けないので、フォークですくって食べる形になるが、それでも、スルスルとこぼれ落ちてしまう。スプーンを併用しても、食べること自体が難しい。

普通の長さのパスタを食べていても、噛み切って短くなったものがお皿に残ることがある。何度もフォークですくうのだが、どうしても取ることができない。しびれをきらし、皿に口を近づけて……という経験は、誰にでもあるのではないか。ああいう短いパスタが、皿の全面を満たしている感じである。もう見た目から違和感がある。

一方、13センチのものは食べやすい。困るのは、フォークでクルクル巻くときにソースが飛び散りやすいことぐらいか。ただ、口内でパスタの弾力を楽しむ快感は低減するようだ。フォークで巻いたパスタを口に運び、それを噛み切るときの弾力は、パスタがある程度長いからこそ生じるのだと実感した。

これが17センチになると、とても食べやすく、見た目での違和感もない。食感も25センチのものと変わらず、ソースも飛び散らない。ゆでやすさ、食べやすさだけを考えれば、基準の25センチよりいい。

ただ、大きな問題がある。実験では、きれいに3分の2にするために、1本1本ハサミで切ったが、日常的には、そんな面倒なことをしていられない。しかし、まとめたパスタを手で3分の2に折るというのは、次章で見るように至難の業なのだ。しかも、どんなにきれいに折れたとしても、必ず3分の1の「相棒」を生み出してしまう悩みもある。

実は、最初から17センチぐらいに作ったパスタも売ってはいるのだが、国産品しかなく、種類も少ない。残念ながら、イタリア産にこだわったり、手工業的に作られたパスタの持つ小麦の味を楽しみたいなら、この長さは選択肢にはならないだろう。

なぜ25センチばかりになったか

ところで、基準の長さ25センチよりも長いものはどうだったか？50センチのパスタは、フォークで巻いても巻いても、巻き終わらない。ようやく巻き終わったころには、大きな塊になっていて、非常に食べにくい。一度に大量のパスタを口に運ぶことになるわけで、唇からたくさんはみ出てぶら下がる。ぶら下がった部分は歯で噛み切るほかない。見苦しいし、口のまわりにソースがつく。

これが1メートルになると、あまりに長くて、むしろ食べていて笑ってしまうほどだ。無造作にフォークを突っ込み、クルクル巻いていくと、それだけで巨大な塊になってしまい、口に入らない。

私としては17センチがベストだと思ったが、前述のように1本1本手作りするわけにいかない。次点として25センチをいままでどおり、ゆでることになるだろう。

ところで、かつては食べにくいまでに長かったパスタが、現代ではなぜ25センチで売られるようになったのだろう？

残念ながらこの答えは見つからなかったので、またも想像で書く。50センチのところでU字に折られた1メートルの長さのものは、手工業でパスタを生産する際の、作業のしやすさが基準になっていると思われる。工房で扱いやすく、なおかつ一度にたくさんパスタを干すのにちょうどいい長さだったのではないか。あるいは、馬車や船での運搬のしやすさも考慮されていたかもしれない。

完全に生産者や物流業者の都合で、消費者無視である。しかし、消費者はどうせ折って使うから、どんな長さでも気にしなかったのだろう。

パスタを手で3分の2に折るのは難しいが、半分に折るのは比較的、簡単である。この50センチのものを、真ん中から半分に折ると25センチになる。そうすると、キッチンでゆでられるパスタは25センチが主流になる。

これが基準とみなされるようになり、現在の市販パスタの大半が25センチになったのではないだろうか。物流を考えても、1メートルのものより25センチのほうが折れにくいし、コンパクトにパッケージできる。生産者としても都合がいいはずだ。

手づかみで食べる喜び

19世紀の末ですら、イタリアの庶民は手づかみでパスタを食べていた。本当にパスタの食べやすさを検証するなら、伝統にならって、手でも食べてみなければならない。そう考えて、試してみた。

パスタを手でつかみ、持ち上げる。顔を上に向け、口を開ける。揺れるパスタの先端をうまく口に入れ、そのまま手を下ろして、口の中に収めるのだ。

予想どおりパスタがブラブラと揺れてソースが飛び散り、またうまく口の中に収まらず、口のまわりにペタペタとくっつく。ただし、飛び散ることさえ気にしなければ、50センチの長さでも意外と食べやすい（1メートルのものはさすがに厳しかった）。手というのは非常にすぐれたもので、パスタをつかむとき本能的に、手からあまり長く垂れ下がらないよう加減できるのである。

何よりこの「ブラブラ手づかみ食べ」は、食べやすさ以前の問題としてめちゃくちゃ楽しい。手からぶら下がって揺れるパスタを口で受け止める。一種のゲーム感覚があって、子ど

近代に入っても、屋台では手づかみでパスタを食べるのが当たり前だった

もたちは大喜びである。パスタが子どもの鼻の穴に入りそうになって家族で大爆笑したりもした。

その楽しさを思えば、むしろ17センチ以下の長さではもの足りなくなってくる。50センチ以上の長いパスタを背の高い寸胴鍋でゆで、すりおろしたパルミジャーノチーズとトマトソースを用意し、汚れてもいい服を着て「手づかみパスタ・パーティ」でも開いたら、最高に楽しそうである。

余談だが、手づかみとフォークに関しては、イタリアの著名なジャーナリストで料理研究家のヴィンチェンツォ・ブオナッシージが書いた『新パスタ宝典』（読売新聞社）に、こんな逸話が載っている。

パスタ好きだった15世紀のナポリ王フェルディナンド2世は、宮中の宴会でもぜひパスタが食べたいと考えていた。しかし、マナーにうるさい式部官は、手づかみで食べるこの庶民料理を拒みつづけた。王の我慢が限界に達したとき、この式部官はフォークの歯を4本にすることを思いついたのだ。フォーク自体はすでにあったが、まだ3本歯で、パスタを食べるのには適していなかった。

これはデザイン史の名著であるヘンリー・ペトロスキー『フォークの歯はなぜ四本になったか』（平凡社）にも書かれていない話で、真偽のほどは分からないが、パスタ好きにとっては実にわくわくする話だ。なによりパスタが食べたくて我慢ができなくなるというのがい い。パスタ好きならナポリ王に大いに共感するところだろう。

第　4　章

これが究極のゆで方だ

水からゆでるとどうなる？

基準のゆで方を設定したうえで、塩、水、パスタと、その要素のひとつひとつを検証してきた。ここで、ゆで方そのものを見直してみたい。鍋に水を入れて沸騰させパスタを投入、という行為そのものの再検討である。

ここまでは当然のように、沸騰したお湯にパスタを投入してきた。しかし、本当にそのゆで方しかないのだろうか？　例えばジャガイモをゆでるときのように、水にパスタを投入してから、火をつける方法はどうだろう？　早速試してみた。

最大の問題は、沸騰した湯につけたようなスピードではパスタがやわらかくならないため、全体がゆで汁に沈むまでものすごく時間がかかることだ。

第2章で見たように、バリラを使うなら1分程度、お湯から出ているぐらいは問題にならない。しかし、水からゆでると、5分30秒もゆで汁につからない状態がつづいた。さすがにこれは無視できない。

もちろん、大きな鍋にたっぷりの水を入れれば、最初からパスタ全体がつかるのだが、水の量が多いと、沸騰までに時間がかかる。すると、パスタは長時間ぬるま湯につかる状態になって、やわらかくなりすぎてしまう。ぬるま湯の中でデンプンの糊化がすすみ、中心近くまで水が浸透するためだろう。

パスタは半分に折ってしまえ

沸騰に時間がかかりすぎるのは大問題だし、できれば、いつもの鍋、いつもの水量で、水からゆでた結果を知りたい。味の比較をするためにも、変える要素は減らしたいからだ。そこで、パスタを半分に折ることにした。

ここで「半分」と書いたことに、あまり大きな意味はない。単に、半分に折るのがいちばん簡単だからである。硬い乾燥パスタを、例えば1：2の割合に折ろうとしても、その作業は困難を極める。本書を書くにあたって、私は何度もパスタを1：2の程度の割合で折ってみた。しかし、きれいに折るのは至難の業で、さまざまな長さの断片がキッチンのあちこちに飛び散る結果になった。

パスタを折る難しさに直面するとき、ユーモアのある独創的研究に与えられるイグノーベル賞の物理学賞を2006年に受賞したある論文を思い出す。

パスタの両端を持って曲げ、半分に折ろうとしても、三つ以上の断片になることが多い（ユーチューブで「break spaghetti」などのキーワードを入れると、パスタが三つ以上に割れてゆくスローモーション動画を見ることができる）。その理由を二人のフランス人物理学者が解き明かした研究だ。

パスタ内を通る「弾性波」のせいで、きれいに半分に折れず、三つ以上の断片に分かれてしまうらしい（もちろん、くわしい物理理論はほとんど理解できなかった）。なお、この現象については、ノーベル賞受賞者であり、ファインマン物理学で知られるリチャード・ファインマン教授も興味を持っていたそうだ。

さて、実際にパスタを折る。なるべく弾性波を生じさせないよう、両端をグッと握るのではなく、中心に近いところを両手で包み込むようにして持ち、ゆっくりと力を入れる。そうすれば、細かい破片は出るものの、パスタはだいたい半分に折れる。

パスタを折るのと水からゆでる以外の条件は、すべて基準のゆで方と同じだ。アルデンテの目安である、パスタ重量が230パーセントなるまでのゆで時間は、火をつけてから13分だった。基準のゆで方だと、火をつけて沸騰するまでに6分30秒、ゆで時間が9分で、合計15分30秒かかる。2分30秒も短縮されたのである。

肝心の味と食感だが、基準のゆで方より少しやわらかさと粘りを感じるが、十分においしい。やわらかさを感じるのは、水からゆでたほうが水分勾配が若干低いからで、粘りを感じるのは、グルテンの弾性がより高くなる前にパスタが十分に水を吸ってしまうからかもしれない。硬く感じる部分が少ないのである。

パスタの食感はOK。また半分の長さの食べ心地も前章に記したとおりだ。時短やエネルギーの節約というメリットと考え合わせれば、ふだんのパスタのゆで方として十分アリかもしれない。問題点はパスタがくっつきやすいことだろうか。

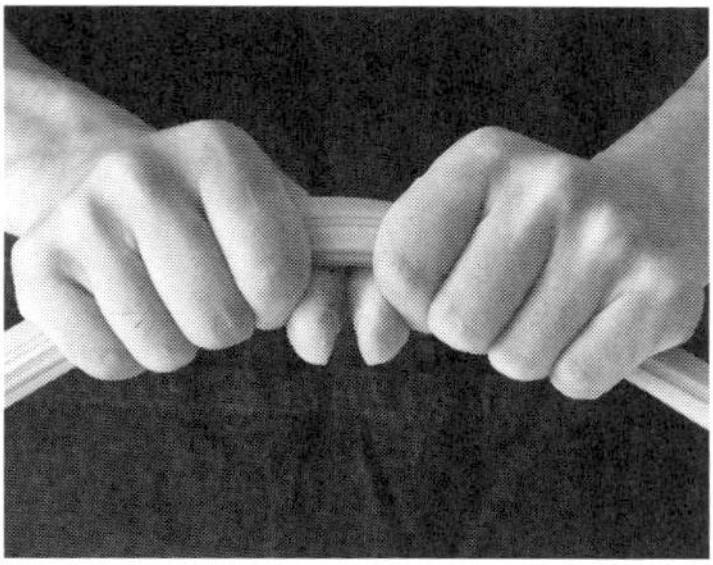

中心に近いところを軽く握るのがポイント

パスタはなぜくっつくのか

水からゆでるとパスタがくっつきやすいのはなぜか？

当初、私はパスタ同士がくっつくのは、デンプンの糊化にかかわる現象だと思っていた。パスタを沸騰したお湯に入れると、まずパスタ表面のデンプン粒が糊化する。そのとき隣接するパスタとの間にスペースがないと、崩壊したデンプン粒がその名のとおり「糊」の役割をはたし、くっついてしまうのではないか。そう考えていたのだ。

ところが、水の中でもパスタはくっつくことが分かった。何本かたばねたパスタを水につけ、お互い軽く押して合わせると、そのまま貼りつくのである。糊化には熱が不可欠だから、ここで糊化は起きていない。別の要因でくっついているのだ。

パスタを水につけてから押し合わせたとき、パスタとパスタの間には水分がある。パスタは乾燥しているので、水分はみるみる吸い込まれていく。そうやってパスタとパスタの間の水分が減っていく過程で、隣接するパスタが貼りついてしまうのだろう。濡らした紙を二枚貼り合わせて乾かすと、くっついてしまう。それと同じで、パスタが乾燥した状態にあるがゆえに起こる現象だと思われる。

ただし、糊化の影響もゼロではないだろう。パスタを熱湯に入れてすぐ取り出すと、表面はベトベトした状態になる。こうしたベトベトがパスタ同士の接着に関係していると考えるのが自然だ。

水に入れたとき、２本のパスタが触れ合っていると、すき間に存在している水がどんどん吸水されてくっつく。そのうち水温が上がると、糊化してベトベトになった表面が、たがいを密着した状態のまま固定する。さらに吸水とデンプンの糊化がすすむことで、この接着が強固になる。こうして、隣りあったパスタが一体化していくのだと思われる。

通常のゆで方でもパスタはくっつくことはあるが、このときはベトベトの表面が糊の役割をはたすと同時に吸水も起こって貼りつくのだろう。あとの工程は同様だ。

熱湯でゆでたほうがくっつきにくいのは、熱湯には水の対流が起こっているし、気泡もポコポコとわいている。それらによってパスタが引き離されやすいからだ。水からゆでるときのように、密着した時間が長くつづかないのである。

トングで混ぜればいいだけ

では、くっつきを防ぐにはどうすればいいのか？

テレビでよく見かける、プロのシェフのパスタ投入シーンを思い出してほしい。縦長の鍋の上でパスタをねじりながら、パッと手を離すと、まるで花が開いたようにパスタが鍋のふちに沿って扇状に広がっていく。

パスタ1本1本がきれいにバラけて、その間には十分な空間がある。その空間を、たっぷりのゆで汁が満たしている。こうやってゆではじめれば、さきほど見た第1ステップの、糊化でパスタが密着したまま固定される現象を避けることができる。当然、それより先の段階にはすすまない。

ところが、パスタを折って水からゆでる場合はこうはいかない。短いパスタは沈んで鍋底に折り重なる。パスタの1本1本が密着した状態からスタートするし、水の対流やポコポコした気泡もまだ先の話なので、くっつき現象がはじまってしまう。

だから、最初のステップをまたげてやればいいのだ。糊化がはじまるまで、何度かトングや箸で、パスタを軽く混ぜてやる。これだけで必要十分なくっつき防止になる。怖いのは最初の段階だけだ。熱によってデンプン粒の構造がゆるんで吸水し、パスタ表面のデンプン粒がふくらんでくると、もうパスタはくっつかない。最初のうちだけパスタをバラけた状態にしてやれば、あとは混ぜる必要はないのである。

半分に折ったパスタをユータイムⅢに入れ、水がどれだけあればつかるか確認する

水はどこまで減らせるか

さて、今度は、基準のゆで方の「水1リットル」という部分を見直してみたい。水の量がこれより少なければ、ゆで汁は早く沸騰する。時間やお金、使うエネルギーを節約できるメリットは大きい。またもやパスタのゆで方の常識に反抗することになるが、できるだけ少ない水でゆでる実験をしてみた。

基準の鍋である内径14センチのユータイムⅢを用意し、半分に折ったパスタ100グラムを入れる。そこに水を加えていくと、250ミリリットル程度の水があれば、パスタがギリギリつかることが分かった。

そこでこの鍋に水250ミリリットルと塩2・5グラムを入れて沸騰させ、パスタを投入した。蒸発を防ぐためにフタをする。途中でゆで汁が粘ついて一度吹きこぼれたが、その後は何事もなくゆであがりの時間がきた。しかしフタを取って驚いた。水がほとんどなくなっていたからだ。吹きこぼれないわけである。

これは考えてみれば、当然の話だ。100グラムのパスタは130グラム程度のゆで汁を吸う。最初の水が250ミリリットルしかなければ、残されるのは120ミリリットル。これが吹きこぼれたり、蒸発したりしてしまえば、鍋の水分はなくなる。ゆで汁の量を減らすと言っても、限界があるということである。

これを食べてみると、表面はヌルリとしているものの、なんとか食べられる食感ではある。ただし、水分が蒸発して塩2・5グラムのほとんどがパスタに移ってしまったため、とてもしょっぱかった。

それなら塩を1グラム程度に減らし、同じ方法でゆでればいいのではないか？　そう思って試してみたが、残念ながらこれは大失敗だった。

塩が足りないせいでコシが弱く、やわらかい。表面はヌルヌルで全体が糊のようにベタつく。ヌメリは少ないうちはそれほど気にならないが、ある一線を超えると急に不快になるようだ。私の場合、お粥ぐらいの粘りになるとまずいと感じるようになる。このゆで方、パスタを1時間ゆでていた時代の人たちには問題ないかもしれないが、現代を生きる私には、ちょっと受け入れがたいものだった。

合わせ技の節約テクニック

残念だが、水を増やすしかあるまい。パスタがゆで汁にギリギリつかる250ミリリットルはあきらめ、少しずつ水を増やしていった。

その結果、350ミリリットル程度あれば、塩辛くもネバネバにもなりすぎず、ゆでられると分かった。食感は、1リットルでゆでたときと変わらない。ゆで汁にヌメリはあるものの、許容範囲だ。パスタは鍋底で折り重なるのでくっつきやすいが、この問題はトングで混ぜてやればクリアできる。

ただし、パスタの弾性を高めるために大量の塩を入れることは難しい。水の量が少ないため、少し水分が蒸発しただけで塩辛くなってしまうのである。

350ミリリットルに8・7グラムの塩を入れても、1リットルに25グラムの塩を入れても、塩分濃度はどちらも約2・4パーセントである。しかし、水が少ないほうが、蒸発で塩分濃度が高くなるスピードは速い。ゆであがった時点で塩分濃度を測定すると、1リットルのゆで汁が3パーセント程度だったのに対し、350ミリリットルのゆで汁のほうは4パーセント強まで上昇していた。

ここで注意したいのは、例えばパスタの量を倍に増やしたとき、ゆで汁も2倍にしなければならないわけではないことだ。2人分を一度にゆでることも多いと思うので、ここではパスタ200グラムの例を紹介するが、例えばユータイムⅢなら、100グラムのときの倍の700ミリリットルに増やす必要はなく、500ミリリットルで何とかなる。

ユータイムⅢを使った場合の最少水量は350ミリリットル。最初に基準とした1リットルの3分の1近いから、かなりの節約になる。半分に折れたパスタの食感を差し引いても、選択肢になりうる。

そして、このゆで方は、水からゆでる方法と組み合わせることができる。少量の水に塩と折ったパスタを入れてから、火にかける。この合わせ技の節約メリットは大きい。水350

ミリリットルなら沸騰するまで3分しかかからないので、トータルのゆで時間は10分に短縮される。しかも、ぬるま湯につかっている時間が短くなるので、ゆであがったパスタの弾力も、水1リットルに入れる場合より高くなる。日常的に作るパスタにおいては、このゆで方は十分アリだ。

電子レンジでパスタをゆでる容器はどこでも手に入るのだが……

電子レンジでゆでてみる

節約と言えば、最近は電子レンジでゆでる方法も非常にポピュラーになっている。電子レンジでパスタをゆでるための専用容器は、100円ショップをはじめあちこちで売られている。

私の周囲でも、一人のときは電子レンジでゆでる人も多い。洗い物を減らし、水や塩を節約するためだそうだ。

長細い容器にパスタを寝かせ、水を張って塩を入れる。そのまま電子レンジにかけ、ゆであがったら水を切る。

たしかに手間がかからないのはいいが、実際に食べてみると、アルデンテの食感もコシも弱く感じる。普通にお湯でゆでるときよりおいしくない。

コシのなさは、庫内に放出されるマイクロ波がパスタ全体を一気に加熱するせいだろう。水の沸騰によるパスタ周縁部からの糊化と同時に、マイクロ波が直接パスタ中心部まで加熱している可能性がある。

また、パスタ100グラムなら標準ゆで時間にプラスすることの4分ぐらい時間がかかる。バリラのスパゲッティなら13分ということだ。お湯に投入するゆで方より2分短いものの、350ミリリットルの水に投入する場合よりは3分も長い。洗い物が少ないのはメリットではあるが、時短効果も少なく、食感が劣る以上、おいしいパスタを作るうえで電子レンジを使用する必要はないだろう。

水に一晩つけてからゆでる

もうひとつ検討してみたいゆで方がある。第2章でNHK「ためしてガッテン」の「うまっ！　次世代パスタ」の回にふれた。番組内で紹介されたゆで方が、パスタを水につけてやわらかくしておき、沸騰させたお湯で1分間だけゆでる手法だ。

お米を炊く前に、一晩ほど水につけておくような話だが、生パスタのようなモッチリした食感が出るとあって、パスタ好きの間でも話題になった。

パスタを長時間、水につけたりしたら、ブヨブヨになったり、中心まで水が侵入してふやけたり、ドロドロに溶けたりするのではないか？

しかし、本書をここまで読んできた方なら、そうはならないことはお分かりのはず。熱を加えないかぎり糊化ははじまらないが、糊化しなければデンプンは水を吸わない。デンプン粒のすき間に水が入るだけだ。たしかにデンプン粒は水に少し流出するが、パスタ内にはグルテンの網目構造がしっかりできており、形が崩れてしまうこともない。

バリラの1・7ミリのパスタ100グラムで試してみた。水に1時間つけると、やわらかくはなるものの、重量は50グラム増えただけだった。一晩おいても90グラムしか増えない。ゆであがるまでに130グラムの水を吸うことを考えれば、まだまだ余裕がある。

ちなみに糊化は50〜60度から起こりはじめるので、お湯につけてしまうと、はるかに水を吸うようになる。例えば60度のお湯につけて温度を保つと、たった1時間で200グラムになった。その後、再加熱はしなかったので、お湯の温度はどんどん低下したはずだが、それでも一晩放置すると265グラムになった。すでにアルデンテの目安を超えてしまっている。それをゆでると、さらに278グラムまで増えたが、当然ながら、仕上がりはやわらかくコシのない状態だ。

さて、一晩水につけたパスタをゆでてみた。1分ほど加熱すると、パスタの重量は220グラムまで増える。たしかに、たった1分ゆでるだけで、アルデンテの目安である230グラムに近い含水率になるようだ。

では、どうしてゆで時間が短くてすむのか？　長い時間つけておくと、すでにパスタの中心部まで水が浸透しているので、加熱をはじめれば、すぐ糊化するからだ。水溶き片栗粉に熱を加えると、あっという間にとろみがつくのと同じことだ。だから、ゆで時間はたった1

分で十分なのである。

とはいえ、パスタの中心まで水をしみこませれば、乾いた芯がなくなってしまうので、アルデンテの状態には仕上がらない。

そこでつける時間を短くしてみた。1時間つけておき、少し芯が残った状態で4分ゆであげる。すると、アルデンテの芯はあるのに、なかなか噛み切れないうどんのようなコシを持つという、不思議な食感になった。水につけることで水分勾配はゆるく、かつ中心に未糊化の部分があるのでこういう食感になるのだろう。

じゃあ、おいしくないのかというと、そうではない。うどんと同様、デンプンの糊化のすみ具合の差で、外周から中心に向かってゆるい水分勾配がつく。モッチリとした食感だ。それでいて強固なグルテンの網目構造のおかげで、強いコシが保たれる。やっぱり、うどんに近いパスタは日本人好みの食感なのである。

もちろん、硬さと歯切れ、それによる刺激を追求してきた乾燥パスタの食感とは、大きくベクトルを異にする。しかし、これはこれでアリだと思う。

これをペペロンチーノにした場合だが、実はすごくおいしい。ペペロンチーノを食べ歩くなかで、何回か生パスタのペペロンチーノを食べたが、すごくおいしかった。このゆで方によるペペロンチーノも、生パスタのペペロンチーノにとても近い味なのだ。

生パスタのペペロンチーノはアリか？

しかし、歴史的・地理的に見た場合、生パスタとペペロンチーノは相容れないものと言えるだろう。

順を追って説明しよう。オリーブオイルにニンニクを入れて加熱するのは、南イタリアにおける家庭料理の基本である。中央アジア原産と言われるニンニクは紀元前4世紀には地中海沿岸地域で栽培されていた。一方、オリーブオイルの搾油も同じ時期、同じ地域ではじまっている。このふたつの食材の組み合わせは5000年以上にわたって、この地域の食の原点だったと言っていい。

乾燥パスタもまた、この地域のものだ。「マルコ・ポーロが中国から持ち込んだ」なんて俗説もあるが、これは誤りで、「小麦粉を練った生地を乾燥させたもの」という意味では、紀元前1世紀の古代ローマ時代から存在していた。

パスタを天日干しする光景は、かつてのナポリでは街のあちこちで見られた

いまのようなパスタの存在が確認できる最初の史料は12世紀初頭のもので、シチリアの農場での「イトリア」の製造風景が描写されている。イトリアとは細長いロングパスタであり、いわばスパゲッティの祖先だと考えられている。携行できる保存食として船旅用の需要もあり、広く輸出されていたという。

ニンニク、オリーブオイル、パスタは古くから、ともに同じ地中海沿岸地域の食文化のなかにある存在なのだ。

そして、ペペロンチーノに欠かせぬもうひとつの食材、唐辛子はコロンブスの米大陸到達後の16世紀にイタリアへ入ってきたが、最大の産地となったのは、シチリアと目と鼻の先のカラブリア。パスタ同様、南イタリア各地へ広がっていった。

他方、スイス、フランス、オーストリアなどと隣接し、大陸性の涼しい気候である北イタリアでは、普通小麦が栽培され、それを挽いた粉に卵を入れて練った生パスタが発展する。北イタリアの味のベースはバター。料理に刺激を与える食材としては、唐辛子ではなくコショウが多用されている。

ペペロンチーノという料理の歴史性や地域性から見れば、北イタリア風の生パスタと、南イタリア風のニンニク&オリーブオイル&唐辛子の組み合わせは、本来ありえないものだということだ。

乾燥パスタとバター、コショウの組み合わせは普及しているじゃないか。そういう反論もあるだろう。しかしこれは、生パスタが近年まであくまでその場で作って食べる料理であったのに対し、乾燥パスタは10世紀も前から商品として流通していたことが影響している（そう考えると、冷凍や真空パックで生パスタも商品として流通するようになった現在、生パスタのペペロンチーノがポピュラーになっていく可能性もある）。

なお、「生パスタのペペロンチーノはおいしい」と書いたが、北イタリア風の普通小麦粉を使ったものより、デュラム・セモリナを使って押出式製造機で成形した生パスタを使ったもののほうが美味に感じた。後者は生パスタとは言っても、「未乾燥の乾燥パスタ」とでも呼ぶべきものである。歴史的・地域的正統性を持ちつつ、日本人好みのやわらかいコシに特徴がある。

水につけおきした乾燥パスタも、この「未乾燥の乾燥パスタ」に近い食感であり、これで作ったペペロンチーノを私がおいしいと思うのも、当然なのかもしれない。

グラニャーノのパスタ

ここまで長々とお付き合いいただいたが、ようやく私なりの「ベストなゆで方」を紹介できそうである。

このレシピは、漫然と作られたペペロンチーノとは圧倒的な差をつけ、食べた人が「うまい！」とうならざるをえない「勝負ペペロン」を作る場合のレシピだ。勝負ゆえ、ひとまず節約は忘れ、よい素材をぜいたくに使い、蕩尽の快楽をむさぼることにする。

まずパスタだが、ディ・マルティーノ（カンパニア州ナポリ県グラニャーノ産）のヴェルミチェッリNo.5（直径2・1ミリ）を使う。

いきなりピンポイントの品名が出てきて申し訳ない。ナポリ近郊、古くからパスタ生産が盛んで「パスタの故郷」と呼ばれるカンパニア州グラニャーノで、ブロンズダイス&低温乾燥の伝統製法で作られるパスタだ。

グラニャーノには心の底から「おいしいな……」と思うパスタがいくつかある。ラ・ファブリカ・デッラ・パスタ、グラニア、パスタイグラニャネージ、アフェルトラ。グラニャーノから車で40分ほどの場所に位置するサレルノのヴィチドーミニもうまい。

しかしことペペロンチーノに限っては、ディ・マルティーノがいい。小麦のおいしさと伝統製法ならではの香りがあるのに、強く主張しすぎない。グラニャーノのパスタの特徴でもあるネッチリとしたデンプンの食感は控えめで、そこそこ歯切れもよく軽快さがあるので、都会的なパスタであるペペロンチーノと違和感なく調和するのだ。

勝負ペペロンのゆで方

ブロンズダイス&低温乾燥のパスタはテフロンダイス&高温乾燥のパスタに比べてゆでム

ディ・マルティーノのパスタは小麦の味と香りを感じさせつつ、主張しすぎない

ラが出やすい。またパスタ自体太いので、曲がるようになるのが遅く、全体がつかるまで時間がかかる。だから水はできるだけたくさん入れ、最初からなるべくパスタがつかるようにしたい。

ユータイムⅢであれば、100グラムをゆでるのに1・5リットルの水道水。そこに粟国の塩（釜炊き）を45グラム入れる。粟国の塩は高いので躊躇するかもしれない。500グラム入りを定価で買った場合、45グラムで実に116・6円になる。しかし勝負をかけるなら、私はペットボトル飲料を本買うのを我慢して、粟国の塩を入れる。

粟国の塩はとてもおいしい塩だが、水に溶

かし、パスタにその塩味がついた時点で差はそれほど大きく出てこない。この塩を使う理由は、第2章に書いたように、むしろパスタの弾性を強めるためのカルシウムやマグネシウム含有量の多さのほうが大きなポイントになっている。

2人分を作る場合はユータイムⅢではなく、内径20センチほどある鍋を使ったほうがいい。水は3リットル、粟国の塩は90グラムだ。

沸騰したらパスタを投入し、上から押さえて、できるだけ早く全体をゆで汁に沈める。パスタを投入するタイミングで、別の鍋に1リットルほどの水を入れ、火にかけておく。あとで濃すぎる塩味を落とすためのお湯である。

別鍋の湯が沸騰したら弱火にし、パスタがゆであがるのを待つ。ゆで時間がきたらトングでパスタをつかみ、この別鍋に投入する。10秒ほど混ぜて塩を落としたら（本章扉の写真）、すぐにフライパンのオイルソースに和えてゆく。

アル・ケッチァーノの奥村シェフにならって「お湯洗い」の工程を入れつつも、より塩分濃度を高めたのは、大手メーカーの最先端工場で生産されるテフロンダイス&高温乾燥のパスタに比べると、小さな工房のブロンズダイス&低温乾燥のパスタはコシが弱いからだ。塩辛くなりすぎないギリギリのところまで塩を増やし、できるだけプリップリに仕上げることを目指した。

また、ペペロンチーノが「癒やしのパスタ」というより「刺激的なパスタ」であることも大きい。食感も味も強めがいいと考えたのである。

こうしてゆでたパスタは、私の感覚だと日常的に食べるには塩辛い。ただ、レストランなどの、味が濃いめのパスタとはさして変わらない程度だ。特に夏場の戸外でのパーティや、お酒を飲んでいるとき、宴会のあと小腹が減ったときなど、気持ちがたかぶっているハレの空間でペペロンチーノを食べるのに、このゆで方は向いている。このプリプリした食感に驚かない人はいないと思う。

このレシピを見て、「こんな面倒くさいことできないよ」と思った人も多いのではないか。当然の感想である。ペペロンチーノは一人でササッと食べたいときにも大活躍するパスタなのだから。ご安心いただきたい。もっと簡単な工程で作れる「休日ペペロン」と、実験で得た知見を総動員した「時短ペペロン」「生パスタ風ペペロン」のレシピも、本書の最後に記しておいた。

さて、ここまで8万字を費やして、やっとパスタのゆで方が決まった。さあ、いよいよ、最高においしいペペロンチーノを作ろうではないか。

第　5　章

オリーブオイルは使うな

ふたつの派閥

最高のゆで方を見つけたところで、次にひとつひとつ検討するのは「最高のオイルソースの作り方」だ。なかなか目的地にたどり着かずイライラしてきた読者もいるかもしれないが、それでいいのである。ペペロンチーノは求道者のパスタなのだから。

ペペロンチーノのオイルソースは、油とニンニク、唐辛子で構成される（私が調べたほぼすべてのレシピにはパセリが加わっていたが、イタリアの古いレシピではパセリは添えもの扱いで、家で作る際には入れない人も多いので、本書ではパセリなしでいく）。

本章では、油としてどんなものが最適なのか、を考えてみよう。

レシピ本や雑誌、ウェブサイトのレシピなどを見ると、さまざまな論争があるが、使用する油については大きくふたつの派閥に分かれるようだ。「エクストラ・ヴァージン・オリーブオイル」派と、「ピュア・オリーブオイル」派である。

オリーブオイルは、「ヴァージン・オリーブオイル」と「精製オリーブオイル」の、大きくふたつに分けられる。

ヴァージン・オリーブオイルは、オリーブの実を粉砕・圧搾、あるいは遠心分離機にかけるなどして作られるものだ。エクストラ・ヴァージン・オリーブオイルは、こちらの分類に入る。

一方、精製オリーブオイルには、質の悪いヴァージン・オリーブオイルから不快な味や臭いをもたらす酸類などを化学的な処理で取り除いたものと、ヴァージン・オリーブオイルのしぼりかすに有機溶剤を加えて油の成分を溶け込ませ、溶剤だけ蒸発させて抽出したものの2種類がある。

日本でピュア・オリーブオイルと呼ばれている油は、この精製オリーブオイルに、ヴァージン・オリーブオイルをブレンドしたものだ。

かたやオリーブの実本来の味と香りをいかす製法で作られ、品質も最高峰のエクストラ・ヴァージン・オリーブオイル。かたや化学的に精製したオリーブオイルがベースのピュア・オリーブオイル。ここだけを見ると、もう勝負あったように思える。王座にふさわしいのは前者だろう。ところが、そう簡単な話ではないのである。

ピュア・オリーブオイル派の人たちの言い分はこうだ。たしかにエクストラ・ヴァージン・

オリーブオイルの品質はすばらしく、生食用にはふさわしい。しかし、ペペロンチーノのようにオイルを加熱する場合、苦味や辛味が強くなりすぎてしまうのだ、と。それは本当なのだろうか？　そこで両者を加熱して味を比べてみた。

使用したエクストラ・ヴァージン・オリーブオイルはイタリア産で、未熟果が多めのもの。ピュア・オリーブオイルのほうもイタリア産で、日本の大手メーカーが輸入しているためスーパーでもよく見かける有名商品だ。

オイルは１８０度まで加熱した。ペペロンチーノを作るときはニンニクが色づくまで火にかけるため、油はそれぐらいの温度になる。

加熱したエクストラ・ヴァージン・オリーブオイルを舐めると、いきなり苦く、そのあと喉が焼けるように辛い。いわゆる「油焼け」した不快な味や臭い、ベタつきがある。たしかに決しておいしいとは言えない。加熱は酸化を促進する。この焼けた油独特の味や臭い、ベタつきは油の酸化によるものだ。

一方のピュア・オリーブオイルは、エクストラ・ヴァージンのような苦味や辛味はないものの、やはり焼けた油のいやな臭いと味、ベタつきが気になる。こちらのほうがペペロンチーノに最適という感じでもなかった。

サラダ油でも変わらない

実は、いちばん驚いたのは、このピュア・オリーブオイルの味である。黄色い色にだまされて、エクストラ・ヴァージン・オリーブオイルに近い味がするのだろうと思い込んでいた。実際にそれだけを舐めてみると、オリーブオイルを味わっている感じがまったくない。むしろサラダ油にずっと近い味だ。

そこで、本当にこのふたつしか選択肢がないのか検証するため、サラダ油も比較対象に入れることにした。

ごく一般的なサラダ油のひとつである大手メーカーのヒマワリ油と、オレイン酸をオリーブオイルと同じぐらい含む「ハイオレイック」のヒマワリ油だ。オレイン酸はオリーブオイルの7~8割を占める脂肪酸で、ヒマワリ油の主成分であるリノール酸に比べて加熱しても酸化しにくく、ベタつきも生じにくいという。

同じように180度まで加熱したが、やはり普通のヒマワリ油がいちばんベタつき、味もまずい。古い油のような不快な味や臭いを感じる。ハイオレイックのヒマワリ油は、それよりは少しサラサラしているものの、不快な味は同様だ。予想どおり、ピュア・オリーブオイルと味も香りもさして変わらない。

ただ、これは、ピュア・オリーブオイルを作るときに、どれぐらいヴァージン・オリーブオイルがブレンドされているかにも影響される。そこで、良質なピュア・オリーブオイルというふれこみ（エクストラ・ヴァージン・オリーブオイルが25パーセントを占める）の、イタリアの小規模メーカーの油を試してみた。サラリとした味のなかに苦味や辛味を感じた。もちろん、だからといって、決しておいしいと言える味ではないのだが。

表示義務もないので正確には分からないが、最初に試した大手メーカーのピュア・オリーブオイルには、かなり低い割合でしかエクストラ・ヴァージン・オリーブオイルが添加されていないのだろう。

苦味や辛味は増えていない

では、この4種の油の、どれがいちばんおいしかったか？　率直に言えば、どれもそのまま飲みたくはない。それ以前の問題として、この「加熱油のテイスティング」を何度かつづけたあと、私は本当に気分が悪くなってしまった。

油だけ舐める経験をしてはじめて気づいたことだが、ペペロンチーノを食べるとき、あるいは炒め物や揚げ物を食べるとき、我々はこんなにまずいものを体内に入れているのである。私は思わずその場で考え込んでしまった。

それでも、結論めいたものは、いくつかあった。まず、ハイオレイックのヒマワリ油と変わらないのだから、ピュア・オリーブオイルを使うことに意味は見出せないということだ。ピュア・オリーブオイルの選択肢は消えた。

じゃあ、エクストラ・ヴァージン・オリーブオイルのほうがいいのかというと、こちらも苦くて辛くてベタついて、正直おいしくない。とはいえ、ピュア・オリーブオイル派の言い分である「エクストラ・ヴァージン・オリーブオイルを加熱すると苦味や辛味が増す」は間違いだと分かった。

生のエクストラ・ヴァージン・オリーブオイルを口に含むと、まずフルーツのような複雑な香りと甘味を感じ、トロトロとまろやかな口当たりがある。おいしい。ところが、一呼吸置いて、すぐ苦味を感じる。さらに喉の奥から咳き込むような辛味が襲ってくる。

生のものはおいしいけれど、苦く辛い。加熱したものはフルーツのような香りも甘味も、まろやかな舌ざわりもなく、いきなり苦く辛い。どちらにしても苦く辛いのである。

苦さや辛さのレベルが、加熱によって上がったわけではない。生のときと同程度である(ただし、「しぼりたて」をうたう濁りぎみの高級オリーブオイルを熱したときに、オリーブのカスなどの不純物が焦げるのか、生のときとは違う苦さを感じたことはある)。

加熱によって苦味・辛味が増すわけではない。加熱で香りやまろやかな舌ざわりが失われてしまうことが問題なのである。ほかの風味が消えたことで、苦味・辛味だけが前面に出てきてしまうわけだ。

オリーブオイルの芳香成分は揮発性が高いため、加熱すれば失われる。その一方、酸化だけはすすむから、不快な味や臭気、ベタつきが発生する。苦味・辛味成分は加熱によっても失われることがないので、前と変わらず。トータルで見ると、加熱したときのほうがまずい、という展開になる。

ぬるい油で作ってみた

生ではあんなにおいしかったエクストラ・ヴァージン・オリーブオイルが、加熱でこんなにまずくなってしまうなんて。では、いったい何度まで油の温度が上がれば、あのすばらしい香りや味が失われてしまうのだろう？

もし130度ぐらいまで風味が保たれるなら、じっくりと弱火で加熱することで「おいしい加熱油」を実現できるのではないか？　淡い期待を持ちつつ、実験をはじめる。直接鍋で温めると底に接した部分だけが一気に熱くなってしまうので、オリーブオイルを入れたボウルを湯煎《ゆせん》にかけて調べた。

40度までは常温とそれほど違いを感じなかった。ところが、残念ながら50度を超えたら、もうフルーティな香りは失われつつあった。これが60度になると、苦味と辛味が前面に出て、生のオリーブオイルならではの果実味はほぼ消え失せてしまった（ベトつきや油焼け臭は、まだなかったが）。

ここであきらめてもいいのだが、こうなると意地でもエクストラ・ヴァージン・オリーブオイルの味わいを生かしたペペロンチーノが作りたくなる。ピュア・オリーブオイルにはない芳醇な風味を思うと、こちらは簡単に選択肢からはずせない。

悩んでばかりいても仕方ないので、いっそのこと40度の油でペペロンチーノを作ってしまうことにした。結果を見てから考えればいいのだ。ボウルにエクストラ・ヴァージン・オリーブオイルとニンニクのスライス、輪切りにした赤唐辛子を入れ、40度まで湯煎にかける。そしてゆでたてのパスタにからめて、食べてみた。

ニンニクの味がする。唐辛子の辛味も出ている。フルーティなオリーブオイルがほどよくパスタにからんでいる。うん、おいしい……。しばし無言で食べたのち、徐々に怒りに似た感情がわいてくるのを感じた。星一徹がちゃぶ台をひっくり返すぐらいの勢いで、心の奥底から、こんな声がわき起こった。

「これはペペロンチーノじゃない！」

このパスタを食べて思い知ったのは、言語化していないだけで、私には私なりのペペロンチーノの定義がある、ということだ。そしてこのパスタにはそれが明らかに欠けている。このパスタを食べることで、逆に自分自身にとってペペロンチーノに必要な要素が何か、知ることができたのである。

このパスタには存在しなくて、ペペロンチーノには存在するもの。すなわち、「ペペロンチーノをペペロンチーノたらしめる条件」として、まず第一に挙げたいのは、なんといってもアツアツ感だ。

このパスタは品のある味で、ほどよい辛味と、上質なオリーブオイルのフルーティな香りや甘味、ニンニクの味をしっかり味わえる。しかし、いかんせん、ぬるい。この喪失感が半端ない。おいしいのに、なんだか寂しい気持ちになった。

ただし、このレシピ自体は悪くないものだ。第3章でもふれた『新パスタ宝典』には、イタリア全土から集められたパスタ料理のレシピが、実に１３４７種も掲載されている。まさに「パスタのバイブル」と言っていい本なのだが、その第1番目に、このパスタにとても近いレシピが紹介されている。

ゆであがったパスタに、スライスかみじん切りにしたニンニク、オリーブオイル、塩を加える、という調理法だ。オリーブオイルを常温のまま使っているのである。ここに唐辛子が加わるのは16世紀まで待たなければならないだろうが、著者のブオナッシージは「パスタの食べ方としては一番古いものかもしれない」と記している。

はからずも私は、ペペロンチーノの原点のようなレシピを作ってしまったわけだ。

熱に強い中華の油を！

ぬるいパスタに違和感をおぼえ、すぐに思い至ったことがある。この本のために数々の店を食べ歩いた際、「うまい！」と思ったペペロンチーノのほとんどが、とても熱かったということだ。

たいてい一口目は食べられないほどの熱さだ。おそらくシェフもそれを意識している。オイルは水よりはるかに高温になるから、非常に熱い状態で料理を提供できるわけだ。おいしいペペロンチーノを作ろうと思ったら、このアツアツ感だけは絶対にはずせない。

「熱い油を口に入れる感覚って、中華料理屋で、強い火力で炒められたアツアツの野菜炒めを食べたときの感覚に似ているな……」

そう考えていて、はた、と気づいたのである。

思えば、中華風の野菜炒めにだってニンニクや唐辛子が入る。ならば、アツアツの中華風野菜炒めを作る心持ちでペペロンチーノを作ってみてはどうだろう。中華には強火の料理が多いから、中華で使われる油は熱に強いはずだ。

ただ、イタリアンらしい香りもほしい。ならば、エクストラ・ヴァージン・オリーブオイルを、炒めが終わったあとで加えてみてはどうか？ 中華では最後にゴマ油で香りづけをするが、あの要領だ。余熱で香りは失われるかもしれないが、生のエクストラ・ヴァージン・オリーブオイルが持つ風味をある程度はいかせるはずだ。

私が中華で愛用する油は、太白ゴマ油（純白油）。通常のゴマ油と違ってゴマを焙煎せずに圧搾し、精製したものだ。ちゃんと圧搾して油を取り出しているので、そのあとの精製過程でゴマの香りはかなり消えるものの、口当たりはまろやかで味にコクがある。

これまで、この太白ゴマ油を強火にかけて野菜炒めを作ってきたが、そんなに油が臭くて不快だと思った記憶がない。ひょっとして、これこそペペロンチーノに求められる「熱に強い油」ではないのか？

そこで、太白ゴマ油を180度に熱して舐めてみる。若干の油焼けを感じるものの、サラリとして香ばしい。これまで試した4種の油のどれよりもおいしく味わうことができた。また、普通のゴマ油、つまりゴマを焙煎したあとでしぼるタイプでも試したが、こちらも油焼けをあまり感じず、おいしかった。高級天ぷら店がゴマ油を使う理由がよく分かった。

ゴマ油について調べてみると、リノール酸など、酸化しやすい成分がオリーブオイルよりずいぶん多い。加熱すると不快な味や臭いがしておかしくないのだ。ところが、ゴマには、セサミンなどの抗酸化物質が大量に含まれる。このためゴマ油は、植物油のなかでは際立って酸化しにくいのだと知った。

抗酸化物質は一般的には精製の過程で減少するのだが、逆に精製の工程で生じるセサミノールなどの抗酸化物質もある。だから、焙煎ゴマ油ほどではないにせよ、太白ゴマ油も抗酸化性にすぐれているのである。漠然と「熱に強い油」と考えたのは、酸化に強い油ということだったのだ。

エクストラ・ヴァージンの使い道

さて、ここで私の野菜炒めの作り方を紹介する。

水をたっぷり含んだ葉野菜を切ってザルに入れ、その上にスライスしたニンニク、唐辛子、塩をのせておく。中華鍋に太白ゴマ油を入れて強火にかける。煙が出るまで加熱したら、そこにザルをひっくり返すようにして野菜を投入し、一気に炒める。野菜がしんなりしたら日本酒を加える。アルコール分が飛ぶのを待って、少しの湯を加えて水分をたっぷり含ませて仕上げる（水では温度が下がるため、お湯を使うのだ）。場合によっては、最後の香りづけに焙煎したゴマ油を加えて完成である。

この中華風の野菜炒めレシピを、ペペロンチーノ向けに換骨奪胎してみる。

① 中華鍋に太白ゴマ油を入れて強火にかける。
② 煙が出てきたら、ゆであがったパスタの上にスライスしたニンニクと唐辛子をのせたものを、ひっくり返すようにして投入する。
③ ざっと混ぜたら、少しゆで汁（またはお湯）を加え、フライパンをあおるようにして混ぜ合わせ、火を止める。
④ 香りづけにエクストラ・ヴァージン・オリーブオイルをからめる。

若干の難点はあった。中華鍋にパスタが貼りつきやすいことと、熱い油に接した一部のパスタが揚げたような感じになることだ。ただ、これは鍋を鉄製じゃないものに変えたり、油量や火力を調節することで解決できるだろう。

食べてみると、アツアツで、とてもおいしい。あっという間にできるのも気に入った。太白ゴマ油にも香ばしさはあるが、おだやかなので、エクストラ・ヴァージン・オリーブオイルならではの香りを殺さない。試しに加熱した太白ゴマ油と生のエクストラ・ヴァージン・オリーブオイルをブレンドしたものを飲んで味見もしたが、うまく両者の香りが混ざっておいしかった。

念のため焙煎された普通のゴマ油でも作ってみたが、こちらはゴマ油の香りが強すぎて、オリーブオイルの香りを消してしまった。

太白ゴマ油を超えるものがない

結論として言えるのは、最後の風味づけにエクストラ・ヴァージン・オリーブオイルを加えるのであれば、オリーブオイルでなくてもペペロンチーノは作れるということである。

火を止めてから加えるのが、エクストラ・ヴァージンを最大限にいかす秘訣だ

当初の目論見は、「エクストラ・ヴァージン・オリーブオイルか、ピュア・オリーブオイルか」という二択に、最終的な結論を出すことだった。そこから「サラダ油と変わらないじゃん」というネガティブな理由で、ピュア・オリーブオイルが脱落した。かといって、エクストラ・ヴァージン・オリーブオイルに軍配を上げるわけにもいかない。

そんな状況で最終的に見えてきたのは、加熱してもおいしく、なおかつエクストラ・ヴァージン・オリーブオイルの香りを殺さない油なら、どれでも選択肢になりうるということ。きわめてポジティブな結論になったと言えるだろう。

その後、ピーナッツ油、ココナッツ油、ヘーゼルナッツ油、クルミ油、マカダミアナッツ油などでも試してみた。ただ、油にベタつき感がなく、最後に加えるエクストラ・ヴァージン・オリーブオイルの香りをじゃましないという点では、いまのところ太白ゴマ油を超えるものはない。

太白ゴマ油についても8種類を取り寄せて、それぞれ加熱しての試飲、加熱油とエクストラ・ヴァージン・オリーブオイルのブレンドの試飲、実際にペペロンチーノを作っての試食を行った。面白いのは、単体で飲んでいちばんおいしいものが、ペペロンチーノにしたときにベストとは限らないことだ。

私の理想は、精製度が高すぎないでほどよく香りつつ、エクストラ・ヴァージン・オリーブオイルの味と香りのじゃまをせず、むしろ両者がブレンドされていっそうおいしくなるような油だが、現状でそれにいちばん近いのは九鬼産業の「純正太白胡麻油」である。

ただし、まだ試していない油もある。同じ種類の油でも、メーカーによって違うかもしれない。太白ゴマ油よりペペロンチーノに適した油があるのかどうかについては、今後も随時、探求していきたい。

ところで、香りづけのエクストラ・ヴァージン・オリーブオイルには、どんな銘柄を選べばいいだろうか？　種類が多いので、最後の最後まで悩んだ。

さまざまに悩んだすえ、「ラヴィダ」というシチリアの農場のものを使うことにした。シチリアのオイルはフルーツのような香りが非常に強いのが特徴だが、ラヴィダは特に香り高い。香りづけが目的なのだから、香りの高さを何より優先したのである。加えてラヴィダは、あとに残る苦味も辛味もしっかりしていて、ほどよい刺激もある。30本を超えるオイルを試したが、いまのところこれがベストだ。

香りで選べば、シチリア産のラヴィダだ

油はどれぐらい入れるか

最後に、油の「量」について考えてみる。

考えるべきは、ふたつのバランスだろう。ひとつは、最初に入れる太白ゴマ油の量と、最後に加えるエクストラ・ヴァージン・オリーブオイルの量のバランスだ。もうひとつは、トータルの油の量と、パスタの量とのバランスだ。

まずは、太白ゴマ油の量と、最後に足すエクストラ・ヴァージン・オリーブオイルのバランスを考える。実験では九鬼の純正太白胡麻油とラヴィダのエクストラ・ヴァージン・オリーブオイルを使用した。

オイルソースを作る際に必要な油は、作業のしやすさを考えると15ミリリットル程度である。そこで加熱した太白ゴマ油15ミリリットルに、エクストラ・ヴァージン・オリーブオイルを加えていく。5ミリリットルで独特の香りと味がしてくる。

8ミリリットルだとその味はかなりはっきりする。このブレンドオイルを何も言わずに妻に味わってもらい、何の油かと質問すると、「オリーブオイル」と即答。しかも「おいしい」と言う。エクストラ・ヴァージン・オリーブオイルと比較すると香りも味も薄いが、いちばんの違いは、苦さも咳き込むような辛さもほとんど感じないことだ。

太白ゴマ油ならではのコクは、ワンテンポ遅れてしっかりと感じられる。コクが加わったせいか味に立体感が出る。だから、まろやかでおいしいと感じたのだろう。一方、そのまま飲んだときには少し感じたゴマ油独特の香りは、エクストラ・ヴァージン・オリーブオイルの強い香りに隠され、直接感じることは難しい（妻は「太白ゴマ油が入っている」と聞いて驚いていた）。とはいえ、隠し味ならぬ「隠し香り」として、油の香りを複雑にすることに貢献していると思われる。

率直に言って、このブレンドオイルをペペロンチーノだけに使うのはもったいない。かなりおいしい油である。

ペペロンチーノには苦さと辛さも少し与えたいので、さらにエクストラ・ヴァージン・オリーブオイルを足していったが、10ミリリットル加えた時点で必要にして十分だと感じた。エクストラ・ヴァージン・オリーブオイルの味と香りはしっかりと感じられ、苦さと辛さもほどよい。

つづいてパスタの量と、全体の油の量のバランスだ。まずはゆでた100グラムのパスタに、オイルを和えてみた。20ミリリットルで全体に油はからむが、ペペロンチーノならもう少しオイリーなほうがよさそうだ。30ミリリットルだと全体がつやつやと油をまとったようになる。

これらを目安にペペロンチーノを作って微調整したが、ニンニクを加熱する際の作業のしやすさも考えて、最初に太白ゴマ油を20ミリリットル入れ、仕上げに13ミリリットルのエクストラ・ヴァージン・オリーブオイルを加えることとした。これが油の量に関する、私なりの結論である。

また何度も作るなかで、油の量が数ミリリットル違うことが、仕上がりを大きくは左右しないことも分かった。まず太白ゴマ油を大さじ1強入れ、仕上げはエクストラ・ヴァージン・オリーブオイルを大さじ1弱入れる、といった程度の感覚で作ればいいだろう。

第 6 章

ニンニクと唐辛子の役割

傷つけられて臭くなる

ペペロンチーノにはオリーブオイルではなく、ゴマ油のほうが向いている。この結論には、さすがに読者の皆さんも驚かれたと思う。

しかし、中華野菜炒め風に作ったパスタは、まだどこかペペロンチーノらしくないところがあった。その原因は、白いままのニンニクだ。中華の青菜炒めに入った「白いままで火がとおったニンニク」は私の好物だが、ペペロンチーノには、やはりキツネ色になったニンニクならではの香ばしさがほしいのだ。

実は前章で非加熱のペペロンチーノ風パスタを作ったとき、そのぬるさとともに気になったのが、この香ばしさの欠如だった。私にとって「ペペロンチーノをペペロンチーノたらしめる条件」の第1がアツアツ感なら、第2の条件としてキツネ色になったニンニクの香ばしさを挙げたい。

ニンニクと言えば、独特の刺激臭が最大の特徴だ。あの匂いを作り出すのは、主としてアリインとメチインというアミノ酸と、アリイナーゼという酵素だ。これらのアミノ酸とアリイナーゼは別の場所に存在しているのだが、ニンニクの細胞が傷つけられたときに、はじめて出会う。

そこから化学反応がスタートして、アリシンという物質が生まれ、さらにジアリルジスルフィド、ジアリルトリスルフィド、アホエンといった有機硫黄化合物に変わる。よく料理本などでネギ類の独特な刺激臭の解説に「二硫化アリル」という言葉が出てくるが、二硫化アリルとジアリルジスルフィドは同じものだ。これらの有機硫黄化合物こそ、ニンニクの刺激臭の主要因なのである。

汚れた犬の臭い

一方、ニンニクを加熱したときの色や香りは、どう生まれるか。

プリンを作ったことのある人なら、砂糖を鍋に入れて熱していけば、黒っぽいカラメルに変わることは知っているだろう。糖分が熱によって変性する、「カラメル化」と呼ばれる現象だ。このカラメル化が、ニンニク内の糖分でも起きている。

さらに、ニンニク内の糖分とアミノ酸も加熱によって反応し、色づく。こちらは「メイラード反応」と呼ばれる現象だ。パンを焼いたときにきれいなキツネ色に仕上がるのは、まさにカラメル化とメイラード反応のおかげなのだが、ニンニクの場合も同じメカニズムでキツネ色になるわけだ。

カラメル化やメイラード反応は、アルデヒドやケトン、アルコール、芳香族化合物など、さまざまな揮発性の化合物を発生させる。ニンニクは加熱することで、多様な香りを持つようになるわけだ。

前章で、油が酸化すると不快な味や臭いを持つことを見た。このアルデヒドやケトンこそ、その原因になる物質のひとつなのだが、面白いことに、これらの物質でも適量であれば食欲をそそる香りとなるのである。

メイラード反応において、糖とアミノ酸の組み合わせが、いかにさまざまな香りを生み出すかについて、シャレンバーガー氏らの研究が『食品の変色の化学』(木村進、中林敏郎、加藤博通編著、光琳)に紹介されている。表現がなかなか面白いので、ここから少し引用してみよう。

ニンニクの糖分はフルクトース(果糖)が結合した形をしているが、このフルクトースにどんなアミノ酸を組み合わせるかで、香りは変わってくる。

180度でフルクトースとリシンを反応させると、ポテトフライの香りになる。これがグリシンなら牛肉汁の香り。メチオニンでは豆スープの香りだ。

ところが、グルタミン酸との反応では、鶏糞の香りになる。フェニルアラニンでは、なんと汚れた犬の香り！　これらのアミノ酸はいずれもニンニクに含まれ、特にグルタミン酸は多く含まれている。そこで鶏小屋の隣に犬がつながれた光景を想像しつつ、キツネ色になったニンニクの匂いをクンクンとかいでみたが、私の嗅覚が鈍いのか、鶏糞や犬の臭いは見出すことができなかった。

本当に複雑な香りが生まれてくるものだと感心する。ニンニクを傷つけることで生じる有機硫黄化合物の匂い、加熱によるカラメル化反応やメイラード反応で生じた化合物の匂い。

これらが混じり合ったものこそ、「ニンニクの香ばしさ」の正体なのだ。

ニンニクの香りは油に移らない

さて、この香ばしさをペペロンチーノに付与するため、中華野菜炒め風の作り方を改良しよう。あのレシピではニンニクを野菜と一緒に投入していたが、あれでは香ばしさが出てこない。通常のペペロンチーノの作り方どおり、先にフライパンに油とニンニクを入れ、キツネ色になるまで炒めることにした。

ニンニクの切り方についてはのちほど考察することにして、とりあえずは薄切りにする。使用する油は前章と同じ6種類。エクストラ・ヴァージン・オリーブオイル、ピュア・オリーブオイル、ヒマワリ油、ハイオレイックのヒマワリ油、太白ゴマ油、普通のゴマ油だ。ニンニクを油に入れ、弱めの中火でじっくりキツネ色になるまで加熱した。

ニンニクが油にどういう影響をおよぼすかを知るために、また油を舐めてみた。前回の不快な経験にこりて、おそるおそるの挑戦だったが、ありがたいことにニンニクの香りは、酸化した油のいやな味や臭気をごまかすようだ。いずれの油もニンニクなしのときより、少しは味わいやすい。

なかでも抜群によかったのは、やはり太白ゴマ油である。そのおだやかなゴマの香りとコク、ニンニクの香ばしさがとてもよく合うのだ。ゴマを焙煎してからしぼった普通のゴマ油になると、ゴマ油の香りが強すぎてニンニクの香りをじゃましてしまう。

ただし、試飲でいちばん驚いたのは、まったく別のことだった。多くのペペロンチーノのレシピで、「フライパンに油とニンニクを入れ、弱火でじっくり熱することで、油にニンニクの香りを移す」と書かれている。ところが、実際に油を味わってみると、ニンニクの香りはそれほど油に移っていなかったのだ。

私自身もこれまでずっと弱火でニンニクを炒めており、油の中で泡を発しながらゆっくりキツネ色に変わるニンニクを見て、「ああ、ニンニクの匂いが少しずつ油へ移っているんだなぁ」と思い込んでいた。

では、味のほうは油に移っていたのか？　油を冷まして（フライパンに入れたまま冷ますと余熱で火が入りすぎるので、耐熱容器に移した）、飲んでみると、やっぱり、さほどニンニクの味がしないのである。スライスしたニンニクを常温の油に10分ほどつけておいたものと比べると歴然とした差を感じる。未加熱のほうがよっぽど味が油に移っているのだ。またしても世間で常識とされることが信じられなくなった。

二硫化アリルをはじめとした有機硫黄化合物は脂溶性である。油に溶けるからこそ、ニンニクの香りを油に移すことができる。しかし、一方で有機硫黄化合物は、１８０度ぐらいに加熱するとその多くが揮発していく。せっかく香りを移しても、加熱中に揮発してしまうのである。それが、おいしそうな香りがただよっているにもかかわらず、油自体には香りや味がそれほど残らない理由だった。

ニンニクの香りがたつと、成分が油に移っているのだなと思いがちだが、よく考えれば、この理解はおかしい。空気中に香りがただよっているということは、成分の大半が油にではなく、空気中へ移ってしまったことを意味するからだ。

つまり、我々がペペロンチーノを食べるときにニンニクの存在を感じるのは、鼻で空気中に広がる香りをかぎ、口腔内でニンニクそのものを味わっているからではないか。

もちろん、油にニンニクの成分がまったく移っていないわけではない。ニンニクを炒めたあと、部屋を満たす香ばしい香りがすっかり消えるまで待って、油の味見をすると、たしかにニンニクの味と香りがする。だからこそ、油に残っているニンニクの有機硫黄化合物が酸化臭をおおい隠し、また軽く風味をつけ、ニンニクを入れて熱した太白ゴマ油が、単に熱した状態よりおいしく感じられたわけだ。

切り方で油の味は変わるか？

これらをふまえたうえで、ニンニクの切り方について考えてみる。

ニンニクの切り方については、これまで「ニンニクの成分を油に移す」ことを前提に語られてきたと言えるだろう。その観点でいくと、みじん切りにするのが、もっとも成分を油に抽出できる。スライスなら、ほどほどの抽出。ニンニクを軽くつぶし、油で焼いてから取り除けば、軽く風味をつけるだけ、ということになる。

これも実験してみた。切り方を変えたニンニクを同量用意し、太白ゴマ油で加熱する。そのまま味見をすると、少しニンニクの味と香りは感じるが、どれがどれだか区別はつかなかった。

とはいえ、部屋から香ばしい香りが抜けたあとに、もう一度、油の味見をすると、たしかに、つぶす→スライス→みじん切りの順番で、ニンニクの味と香りが徐々に強くなっていくのが分かった。

その意味では、世間で言われている切り方に関する考え方は間違ってはいない。しかし、空気中にただようニンニクの強い香りとそれを直接食べたときの味の強さと比べ、油から感じる味と香りは非常に少ない。

空気中の強い香りをかぎ、強い味を直接味わっている状態で、はたして切り方の差を味の差として感じられるのだろうか？　要するに、ものすごく強い刺激がある場所で、小さな刺激の差を発見できるかという疑問である。

そこで、こんな実験をしてみた。ふたつのフライパンでペペロンチーノを作って、スライスしたニンニクを炒めた油と、みじん切りしたニンニクを炒めた油の差を見分ける実験である。それらの油をそのまま使ったのでは、空気中に出ていく香りや、ニンニクそのものの味に違いが出てしまう。その条件は一緒にしたいので、こんな手法をとった。

油にスライスしたニンニクを入れ、キツネ色になるまで熱するまでは同じである。同程度の香りが空気中にたちこめたところで、片方のフライパンの油を捨ててしまう。そして、みじん切りのニンニクを炒めて濾しておいた油を加える。ニンニクのスライスはそのまま残して、油だけを交換するのだ。これでニンニクそのものの味も同じになる。

空気中の香り、ニンニクそのものの味、条件は同じである。違うのは、みじん切りを炒めてより多くのニンニク成分が入っている油か、スライスを炒めただけの油かだけだ。さて、食べて違いは分かったのか？　予想どおり、まったく区別がつかなかった。

逆にみじん切りの油を基本にして、片方をスライスの油に交換してみたが、結果は同じである。つぶしたニンニクでも試してみたが、同様だった。

つまりこういうことだ。ニンニクの香り、そしてニンニクそのものの強い味が存在すれば、油の中のニンニク成分はもはや誤差の範囲内で、全体に影響を与えない。ニンニクの切り分けには意味がないのである。

ニンニク感度の変化を楽しむ

しかし、それはあくまでも油との関係においての話だ。

たとえ油に香りが移っていないとしても、空気中にただよう香りとともに、我々はペペロンチーノを楽しむ。油から立ち上がる香りという点では、みじん切りにしたものが際立って多かった。ニンニクをみじん切りにすれば、香ばしさが充満した環境でペペロンチーノを食べることができるわけだ。

また、ニンニクは直接口に入れて味わうペペロンチーノの具でもある。具として考えれば、その存在感は切り方によって大きく変わる。

みじん切りで食べる場合、パスタのあちこちにニンニクが分散するわけで、つねにニンニクを一緒に摂取する形になる。ただ、ひとつひとつの断片が小さいので、ニンニクという「物体」をさほど感じることなく、味と香りを楽しむことになる。

スライスの場合はどうだろうか。1人分にニンニク1個を入れるとすれば、10枚ほどのスライスがパスタにちらばっている感じになる。ゆであがりのパスタ重量は230グラムだが、これを一口15グラムずつ食べるなら、15回ぐらい口に運ぶ計算になる。つまり、ニンニク片は3回に2回の割合で口に入ることになる。

ニンニク片が口に入ったときは、一気に味と香りが広がり、その存在を強く意識するだろう。口に入らないときは、みじん切りのときほどニンニクの味と香りを感じることはない。食べるときに感じるニンニクの存在感を「ニンニク感度」と名付けるなら、それが波のように上下するぶん、変化を楽しめる。

つぶしたニンニクを炒めてから取り出す場合はどうか。ニンニクが入っていないのだから、もはや具ではない。周囲を満たすニンニクの香りをかぎ、油にほんのりと移った味と香りを楽しみつつ、パスタを食べることになる。ニンニク感度は低い値で一定を保つが、揮発や嗅覚の疲労性（同じ匂いをかぎつづけていると、だんだん感じなくなること）を考えると、逓《てい》減《げん》していくと思われる。

さらにみじん切りをどの程度の大きさにするか、スライスの場合、どの程度の厚さにするかという問題もあるだろう。これはニンニクをどんな仕上がりになるように加熱するのか、にもかかわっている。そこで、切り方の結論を出す前に、ニンニクの焼き具合のバリエーションについても言及しておきたい。

カリカリか、しっとりか

加熱したニンニクの仕上げ方については、おおまかに言って、カリカリにするか、しっとりとやわらかくするか、フライドポテトのように周囲はカリッとさせて中はホックリとさせるのか、という選択肢がある。

みじん切りや薄いスライスだと、ホックリとさせるのは無理なので、「カリカリ」か「しっとり」かの二択になる。同様に丸ごと入れる場合、ニンニクを中までカリカリにすることもできないので、「しっとり」か「カリッ＆ホックリ」かの二択である。

「カリカリ」と「しっとり」の差は、水分をどれくらい含むかの差だ。火をとおす過程でどれぐらい水分を飛ばすのか、という問題でもあるが、ソースを作る際にゆで汁などの水分を混ぜるかどうか、という問題でもある。

カリカリを味わいたい場合、カリカリになった時点で一度フライパンから取り出して、パスタが完成してからもう一度合わせる必要がある。いくらカリカリにしても、そのあとでソースにゆで汁を加えたり、ゆで汁がしたたるパスタを加えたりすると、ニンニクは再びしっとりしてしまうからだ。

しっとりには2種類ある。最初からあまり焼き色をつけない場合と、一度カリッとさせたあと水分を加えることでしっとりさせる場合だ。後者のように一度カリカリにした場合、香ばしい香りと味が生まれ、また、有機硫黄化合物がより多く揮発するので、体内に摂取する量はおさえられる。

ホックリというのは揚げたジャガイモのように、周囲はキツネ色でカリッとしつつ、内部は水分があってやわらかい状態だ。ニンニクを丸ごとじっくり揚げるか、厚めに切ったあとでフッ素樹脂加工のフライパンに少量の油を加えて加熱し、表面をカリッと焼くことで実現できる。こちらも、水分が加われば、しっとりに変化してしまう。

厚めにスライスする理由

ニンニクは好き嫌いが分かれる食材であり、また口臭を発生させるゆえＴＰＯによって食べるのを我慢したほうがいいときもある。したがってニンニクをどう切るか、どんな食感に仕上げるかは、好み、時、場合によるとしか言えない。

しかし、ここまで述べてきたように、それぞれの形状や焼き具合が、味にどんな影響を与えるかをはっきり意識すれば、自分がどんな切り方、焼き方をすればよいか、なんとなく見えてくるはずだ。

私は「しっとり」派なので、こんな方法をとっている。5ミリ幅の小口切りにしたニンニクをキツネ色になるまでじっくり火をとおしてカリカリにし、そこへゆで汁を加えてオイルソースにするのだ。

しっとりしたニンニクが好きなくせに、なぜ一度、カリッとさせるのか？　カラメル化とメイラード反応は1000種類を超える香気成分を生じさせ、複雑かつ食欲をそそる香りを生むというから、これらの反応をなるべくしっかり起こしたいのだ。同時に有機硫黄化合物を揮発させて、香りを空気中に充満させる。それらの香気を嗅覚で感じつつ食べたほうがペペロンチーノはうまい。

私の感覚では、カリッとしたニンニクは、その強い食感がパスタ全体の食感から浮いていて、全体の統一感を壊すように思う。だから、ソースに水分を加えることでしっとりとさせるわけだ。

しっとりで食べる場合、ニンニクのスライスにはある程度厚みがあったほうが、やわらかな食感が生まれて、噛んだときや舌にふれたときに心地よい。だから、私は5ミリと、少し厚めに切っている。

なお、私がカリカリを選ばないのは、別の理由もある。カリカリの状態で食べるには、いったんフライパンから取り出し、最後にトッピングするというひと手間が必要になる。この作業は、調理の流れを止めてしまう。私はペペロンチーノを流れるような動きで作りたいので、取り出す工程の存在がストレスになるのだ。

料理は単調じゃないほうが楽しい。ニンニク感度は一定より、起伏があるほうが飽きないと思う。だから、私はニンニクをみじん切りにはしない。だからと言って、丸ごとのニンニクをホックリと揚げる方式だと、ニンニク感度の起伏が大きくなりすぎる。それで丸ごとニンニクも選択しないわけだ。

小口切りにしたニンニク片なら、ニンニク感度がテンポよく途中で何度も増減する。その変化に対して体が動的に反応することで、より楽しく食べることができるはずだ。

なお、ニンニクの「量」については、それぞれの好みで決めてほしい。私はそれほどニンニク好きのほうではないので、8～9グラムを入れている。私が家庭菜園で育てている小さなニンニクだと2房ぐらいの量だ。

焦がさない切り方

ニンニクの量と切り方が決まったら、いよいよ加熱だ。

スライスやみじん切りのニンニクを使うなら、弱火でじっくりと油に香りを移す意味はない。だったら強火で炒めるほうが時間の節約ができていいじゃないか、と思うかもしれないが、そうはいかない。

ニンニクは焦げて苦味が出やすいからだ。キツネ色でも色が濃いめだと、すでに苦味が出ている場合がある。急いで火を止めたとしても、フライパンを冷やしでもしなければ余熱でぐんぐん色が濃くなっていく。

強火だとあっという間に火が入るので、この見極めが難しく、焦がして苦味が出てしまう可能性が高い。焦がさないために、慣れないうちは弱めの中火ぐらいがいいだろう。弱火でもいいが、時間がかかりすぎて少しもどかしい。慣れてきたら中火以上の火力でも、うまく色づけすることは可能だ。

どの程度の色になったら苦味が出るのかについては、自分で何度か試して味見をし、見極める必要があると思う。

ニンニクの切り方によっても色づき方、焦げ方は変わる。力を入れず包丁を前後にスーッと動かして切ると、切断面がピカピカになる。この切り方だとムラなく色づく。一方、力まかせにザクッとやると切断面は荒れて、凸凹になる。この出っ張った部分は焦げやすく、全体として色ムラも出やすいのだ。

ニンニクの繊維を断つように横に小口切りするのが一般的だが、繊維に沿って切る方法もある。この切り方でもムラなく色づくが、たちあがる香りは小口切りより少なくなる。私は香りのことを考えて、やはり小口切りにする。

おすすめはスペイン産

ニンニクにもいろんな種類があるが、どんなものを使用すべきか？

手に入るなら、最近スーパーなどでも流通しはじめたスペイン産ニンニクをおすすめしたい。私がかつて住んでいた山梨県のスーパーにも並んでいたので、都会ではさらに入手しやすいかもしれない。値段もそれほど高くなく（中国産と青森産の中間ぐらい）、身が締まっている。

あまり知られていないが、スペインは世界第9位のニンニクの生産地。EU圏最大のニンニク生産国だ。ヨーロッパで広く食べられ、当地の料理に合う味であるはずだ。もちろんイタリアにも輸出されている。

中国産は鋭い臭気を感じるが、全体として複雑な香りを感じない。一方、スペイン産は中国産より香り高い。データもそれを裏付けていて、中国産、スペイン産、青森産を比較した資料では、含まれる有機硫黄化合物の量が中国産よりだいぶ多い。ジアリルジスルフィドは2倍以上、大腸がん細胞への抑制作用があることで知られているジアリルトリスルフィドも2倍近くだ。つまりスペイン産なら、同じ量で中国産より多くの味と香りをペペロンチーノに与えることができるわけだ。

青森産と比べると、有機硫黄化合物の量はスペイン産のほうが少し劣る。しかし、ジアリルジスルフィドは少ないものの、ジアリルトリスルフィドは多い。

この量の差が全体の香りにどう影響しているのかははっきり分からないが、香りをかいでみると、鋭い臭気がなく、まろやかで深みがある。それでいてチャイブを思わせる草っぽい香気もある。

実際に食べれば、青森産のような強いニンニク臭はあまり感じず、まろやかな味がする。ペペロンチーノの具としてニンニクを考えても、最適のチョイスになる。以前、イタリア産ニンニクを取り寄せて味わったことがあるが、スペイン産に近い味だった。つまり本場の味に近いのである。

興奮をもたらす唐辛子

残す食材はあとひとつ。唐辛子だけだ。唐辛子の辛さこそ「ペペロンチーノをペペロンチーノたらしめる条件」の第3である。

唐辛子の辛味成分はカプサイシノイドと呼ばれる。このカプサイシノイドのなかでいちばん有名なのがカプサイシンで、その約7割を占める。そのほかジヒドロカプサイシン、ノルジヒドロカプサイシンなどのよく似た物質が含まれる。

このカプサイシンを受け止めるのは味覚ではなく、温度を感知する受容体TRPV1である。TRPV1は43度以上になると活性化する温度センサーだが、体に痛みをもたらすプロトンという物質によっても活性化される。つまり、唐辛子の辛さは、熱さや痛さと同じような反応を呼び起こすわけだ。

TRPV1が活性化すると、副腎からのアドレナリン分泌が高まる。アドレナリンは交感神経を刺激して、動物が狩りをするときや、逆に生命の危険を感じて逃げるとき、あるいは闘争するときのような興奮状態を作り出す。これが「ペペロンチーノは刺激的で興奮を呼び起こすパスタだ」と書いてきた理由である。

なお、ニンニクの硫黄化合物も、エクストラ・ヴァージン・オリーブオイルのポリフェノールも、TRPV1と連動して働くTRPA1という受容体を活性化させる。これらもいっそうの刺激をペペロンチーノにもたらすのだ。

切り方は好みでいい

ニンニクの香りや味はあまり油に移らなかったが、唐辛子については、あまり思い悩む必要はない。カプサイシンも脂溶性だが、揮発性が低いため、加熱してもさほど空気中に拡散しないからだ。入れる量に比例して、油の辛味は増す。

切り方についても、シンプルに考えればいい。切断面が多いほど油に移る辛味成分は増えるので、より辛さを求める人は細かく、辛いのが苦手な人は大きめに使えばいい。自分の好みで調整してほしい。

唐辛子にはいろんなものが売られている。

まずは、粗くクラッシュしたもの。非常に粗めの粉唐辛子のようなもので、切断面が増えるぶん辛味が出やすい。パスタを口に入れれば、必ず唐辛子も一緒についてくることになるから、最初から最後まで刺激的な味が楽しめる。自分で作るのは大変なので、最初からクラッシュしてあるものを買うのが一般的だ。

よく使われるのが小口の輪切り。最初から輪切りの状態で売っているものもあるが、ホールの唐辛子を自分で切ってもよい。輪切りだと、ペペロンチーノが仕上がったとき、見た目が美しく見えるという利点もある。

さらに、切らずにそのまま入れる場合。これは油に辛味を移すことが目的で、直接は食べないのが一般的だ。

注意したいのは、唐辛子を焦がしたときのことだ。丸ごとであれ、小口切りであれ、クラッシュであれ、乾燥している唐辛子は非常に焦げやすい。火を止めてから投入しても、油が熱ければ、余熱だけで焦げる。

少し焦がしてしまった場合、丸ごとなら、苦味が少し油に移るだけで、被害は最小限におさえられる。小口切りは面倒だが、それでも取り除くことは可能だ。問題なのはクラッシュの場合。焦げても取り除くのはほぼ不可能。苦辛いパスタを食べることになるので、細心の注意が必要だ。

唐辛子の種は取るべきか?

種は入れるほうがいいのか、入れないほうがいいのか? よく言われるのは、「種の部分の辛味は非常に強いから、取り除いたほうがいい」ということだ。たしかに種だけを噛んでみると、強い辛さを感じる。

しかし、実はいちばん辛いのは「胎座《たいざ》」と呼ばれる部分なのだ。ピーマンやシシトウを半分に割ったときを思い出してほしい。ヘタからつながった中心軸に、種がビッシリついている部分があるだろう。あれが胎座である。種がくっつく場所なので、英語ではプラセンタ(胎盤)と呼ばれる。

胎座だけを味わうと舌が痛くてたまらないほどヒリヒリし、汗がどっと吹き出る(実は、いま、その痛みに耐えながらこの文章を書いている)。

カプサイシンをはじめとするカプシノイド類はこの胎座で作られる。種はこの胎座についているから辛いのだ。胎座のカプサイシンの量は、種と比較にならないほど多い。品種によるが、果皮のカプサイシンの量を1とすると、種はその2～4倍なのに、胎座はなんと60倍以上になる。

私は唐辛子を自分で天日乾燥させたものを主に使っているのだが、乾燥が足りないのか、胎座はまだしっかり残っている。種にも胎座が付着しているから、果皮の部分より、種を味わったときのほうがはるかに辛い。

しかし、乾燥させると胎座は縮んでバラバラになり、カプサイシンは唐辛子全体に広がっていくらしい。大手メーカーの乾燥唐辛子だと、機械乾燥の過程で縮んだ胎座はすでにバラバラになっているせいか、種を噛んでみても、むしろ果皮より辛味が少なく感じる。そもそも種の内部にはほとんど辛みはないのだ。果皮を噛むと奥から辛さがわき上がってくるが、種を噛んでもそういう現象は起きない。

「種に辛味があるから取り除け」と言われるのは、天日乾燥していた時代の名残りではないだろうか。いまスーパーで売っている大手メーカーの唐辛子は機械乾燥しているので、種はさほど辛くないはずだ。わざわざ取り除く必要はない。

ただし、種の口当たりはあまりよくない。食感をよくするという意味で、私は取り除いたほうがいいと考えている。

ついでに言えば、クラッシュした唐辛子や、輪切りにされた乾燥唐辛子の硬い果皮も、口当たりはよくないと、私は感じる。それゆえ（辛味がそれほど得意ではないせいもあるが）、唐辛子はあまり細かく切らず、辛味成分を油に移すだけにとどめて、唐辛子自体は食べないようにしている。

ちなみに、市販のクラッシュしたものは、種も混ざっているものがほとんど。輪切りにされている市販品は、種がないものが一般的だ。

韓国産唐辛子は向かない

どんな唐辛子を選べばいいかだが、「刺激的な味」を目指す以上、鋭い辛味のあるものがペペロンチーノには合う。比較的容易に手に入る国産の鷹の爪は、単純で鋭い辛さがあり、ペペロンチーノ向きだろう。

韓国産唐辛子のように甘味の強いもの、あるいは酸味の強いもので作ると、違和感のある味となる。

私はイタリア有数の唐辛子産地であるカラブリア州のものを使っている（本章扉の写真）。鋭い辛さを持ちつつ、ちょっとトマトに似た深みのある香りもあって、とても気に入っている。

イタリア産の唐辛子は、ほかにも試したことがある。インターネットで、アブルッツォ州の在来品種の唐辛子を買ったのだが、こちらも非常に香り高く、かつ鋭い辛さで、ペペロンチーノによく合うものだった。

ふだん使いなら日本産で十分だ。しかし、このイタリア産唐辛子の深みと鋭さの両方を持った味は捨てがたい。入手できるなら、「勝負ペペロン」には、ぜひイタリア産のものを使ってもらいたい。

日本産の鷹の爪を使う場合でも、天日乾燥のものを探して買うか、生のものを入手して、自分で天日乾燥させることをおすすめする。スーパーで買える大手メーカーの唐辛子はほとんどが機械乾燥で、見た目はいいが香りは飛んでいる。唐辛子の栽培は簡単なので、自家栽培した唐辛子を天日で干すのもいいだろう（ただし、土壌の違いで、イタリアの品種を育てても、現地のものとは違う風味になる)。

いずれにせよ、天日乾燥の唐辛子を一度使うと、大手メーカーの唐辛子ではもの足りなくなるはずだ。

最高のオイルソース

では、私が考える最高のオイルソースの作り方をご紹介しよう。ここで紹介するのは1人分である。2人分なら倍量にすればいい。

まずはスペイン産ニンニクを8グラム用意する。根の硬い部分を切り落とし、芽を竹串などで取り除く。芽の部分は特に焦げやすいからだ。

それからニンニクを5ミリ幅に切り、太白ゴマ油20ミリリットルとともにフライパンに入れて、弱めの中火にかける。ニンニクが少し色づいてきたら火を止め、余熱でまんべんなくキツネ色になるまで、箸で何度も裏返す。

香ばしい匂いが部屋に充満したら、いよいよ唐辛子を入れる。フライパンの火を止めて少し待つと、ニンニクの周囲から出る泡が小さくなる。それが投入のタイミングだ。

ニンニクの周囲の泡が小さくなったら唐辛子を投入。余熱だけで成分を引き出す

鷹の爪など4～5センチの長さの唐辛子なら一人あたり半分、食感が悪くなるので種は取り除いておくといい。なお、長さ2センチもないような小粒のカラブリア産唐辛子を使う場合は、一人に1個使うほうがいいので、種は取らないで投入する。

油をからめるようにして、上下を返しながらフライパンの中で動かす。唐辛子が焦げつかない温度になっていることが確認できたら、そのまま置いておく。唐辛子の成分を油に移すには、余熱だけで十分ということだ。

ニンニクと唐辛子を冷たい油と一緒にフライパンに入れ、火にかけるという方法をとる人もいる。その場合は唐辛子が焦げる前に、いったん取り出す必要がある。ニンニクが少し色づいたらフライパンをコンロから下ろし、温度が下がったあとで唐辛子を戻す。手順が多くなり、作業としてあんまり美しくないので、私はこのやり方は採用しない。

そして、この状態でパスタがゆであがるのを待つ。

よく「パスタがゆであがるタイミングに、ソースの完成をピッタリ合わせろ」なんて言うが、そう簡単なことではない。ニンニクをほどよくキツネ色にしたり、唐辛子を焦がさず炒めるためには、ソース作りの作業に集中したい。

それゆえ、唐辛子を入れるところまで、先にソース作りをすすめておき、あとはパスタをゆであがるのを待つ、という戦略を取るのだ。ゆであがりの段階でオイルソースが完成していないのは、麺が伸びてしまうので困るが、オイルソースが先に完成しているぶんには何の問題もない。

第 7 章

フライパンは揺するな

なぜアルミのフライパンか

最高のゆで方は見えた。最高のオイルソースの作り方も分かった。あとは両者をフライパンでからめるだけだが、その前にフライパンについて言及しておきたい。

プロやパスタマニアはフッ素樹脂加工がされていないアルミ製のものを使う。このアルミむき出しのフライパンは、パスタ作りのときにばかりフューチャーされるので、「パスタのソースをからめるなら、アルミのフライパン」という印象を持っている人も多いだろう。

しかし、なぜアルミなのか？　アルミは熱伝導率が高いので、強火にすればすぐにソースがグツグツとわく。その一方で蓄熱性は高くないので、火を弱めると比較的すぐに収まる。つまりソースを焦がさずに煮つめる際に、火力のコントロールが容易なのだ。

加えて言えば、フライパンの色が薄いのでニンニクの色づき具合を見やすい。これはペペロンチーノ作りにおいては非常に大きなメリットだ。

卵や魚ほど焦げつきやすい食材を扱うわけではないので、フッ素樹脂加工である必要はない。鉄のフライパンは熱伝導率が低く（アルミの約3分の1）、蓄熱性は高いので、火力の調節が難しい。弱火にしてもソースを思った以上に煮つめてしまう危険性がある。

そうした理由で、耐久性があり、軽くて扱いやすく、値段も安く、熱伝導率も蓄熱性もそこそこあり、乱暴に扱って多少傷がついても問題ない、厚手のアルミ製フライパンが最良のチョイスになるのだ。

業務用のアルミフライパンを一度使うと、きっと手放せなくなるはずだ。取っ手が熱くなるので素手でつかめないという欠点はあるが、その心地よい作業性は捨てがたい。温度管理が楽なだけではない。取っ手や鍋の側面の角度も作業しやすくできていて、あおってパスタをからめるのも楽だ。

直径24センチのサイズで１人分を作るのがいちばん扱いやすい。２人分までならギリギリ24センチで大丈夫だが、27センチほどあったほうがソースはからめやすい。ただし、少し重くなるぶん操作性は落ちる。

乳化のメカニズム

オイルソースを作るうえで重要だと言われるのが「乳化」だ。ソースにパスタのゆで汁を少し加え、フライパンを激しく揺すって混ぜて、濁った液体にする。すると油のベタつき感がおさえられ、ツルツルしたパスタが楽しめるというのである。

乳化とは、油と水が融けあっているように見える現象のことだ。ペペロンチーノのオイルソースの場合、揺すられることで油が小さな粒となり、そのまわりに「乳化剤」が付着することでゆで汁の中で安定性を保っている状態、と表現できる。

乳化剤とは、分子の中に水となじみやすい部分（親水基）と、油となじみやすい部分（疎水基）を持つ物質のこと。外側に親水基があるので水の中に安定的に存在できるのだが、内側に疎水基があるので油の粒を取り囲むことができる。このおかげで水と油に分かれることなく、濁った状態がつづく。

石鹸は代表的な乳化剤である。内側で油と手をつなぎ、外側で水と手をつなぐ。そのような性質を持つからこそ、油汚れを吸着して、水に洗い流すことができるわけだ。マヨネーズも油の小さな粒が水分の中で安定性を保つ乳化状態にあるが、卵黄のレシチンという脂質が乳化剤の役割をはたしている。

パスタのゆで汁には、水溶性タンパク質のアルブミンやリン脂質のリゾレシチンなどがパスタから溶け出しているが、いずれも乳化剤として働く。

実際に水と油をよく混ぜたものと、パスタのゆで汁と油をよく混ぜたものを作り、比較してみよう。そのまま置いておくと、水と油を混ぜた液体では、澄んで細かな油がすぐに表面に浮き、全体に澄んだ感じになる。一方、ゆで汁と油を混ぜた液体は濁ったままだ。これが、乳化剤があるかないかの差なのだ。味わってみても、後者はトロリとしておいしく、油のベトついた感じはない。

激しく揺する必要はない

日本では「ゆで汁をフライパンに入れて、激しく揺する」という乳化の工程が、おいしいペペロンチーノ作りの必須事項のように言われている。実際のところ、どうなのだろう？

プロの料理人は皆、その作業をしているのだろうか？

ブオナッシージの『新パスタ宝典』でペペロンチーノのレシピを見ると、ゆで汁を加えるのはあくまで応用だと書かれている。

イタリア人シェフのレシピでゆで汁を入れないものがあったので、試してみた。これはこれでおいしいとはいえ、やはり油っぽさとベタつきを感じる。イタリア人に比べて大量の油を苦手とする日本人が、酸化した油のベタベタ感を嫌い、トロリとした舌ざわりを生み出す乳化にこだわるのも、すごく自然なことに思える。

しかし、日本で活躍する有名シェフのレシピを調べてみた結果、ゆで汁を加えて激しく揺する工程があるものは意外と少なく、16人中3人だけだった。

多くのシェフがゆで汁を加えていたが、フライパンを揺すりはせず、パスタを入れてあおるだけだ。また、ニンニクや唐辛子が焦げないよう油の温度を下げるのが目的で、ゆで汁を入れているシェフも多かった。

しかし、彼らがソースを乳化させていないかというと、そうではないだろう。沸騰によってソース内の水分から気泡がわき、グツグツするなかで乳化はすすむ。またパスタと合わせてフライパンをあおる工程でも、ソースは乳化すると思われる。

実際に自分でも、パスタを混ぜるところまでやってみた。揺すって乳化させたソースと、揺する工程を省いたソースを比べてみたが、目視で区別がつかず、味の違いも見出せなかった。すなわち、フライパンを激しく揺する必要はないのである。

ソースに水を加えてみる

私がレシピをチェックした有名シェフのなかで、一人だけだが、ゆで汁ではなく水をソースに加える人がいた。

たしかに水を使うレシピには利点がある、水を使うならば、パスタをゆではじめる前の段階でソース作りを完了することができる。落ち着いてソース作りに集中できるメリットは大きいと思う。ソースの塩味をゆで汁ではなく、塩そのものでつけるので、適度な味に調節しやすいメリットもある。

ゆで汁ではなく水を使うレシピは、私にとってひとつの希望であった。「勝負パスタ」のレシピでは、パスタのコシを最大限引き出すために、ゆで汁1リットルあたり30グラムもの塩を入れている。そんなゆで汁をソースに加えれば、塩辛くなりすぎてしまう。水でおいしいソースが作れるなら、この「しょっぱすぎる問題」が解決できる。

ただ、うまくいかない予感もあった。ゆで汁はアルブミンやリゾレシチンなどの乳化剤を含むが、ただの水には乳化剤がない。このシェフの場合は、パスタからしたたるゆで汁や、パスタ自体から溶け出す成分で、少しは乳化剤がソースに入ることになる。しかし、私のレシピでは、濃い塩分を落とすために、ご丁寧にもパスタをお湯で洗ってしまっている。乳化剤にはほとんど期待できない。

ダメかもと思いつつも、一縷《いちる》の望みを託して、ゆで汁を入れる方式、水を入れる方式で2種類のペペロンチーノを作り、乳化の様子と味をたしかめてみた。

予感は的中した。やはりソースの濁り方が違う。水を使ったほうは透明に近い。実際に味わってみると、水を使ったほうは、なめらかさを感じないばかりか、旨味もコクも少なく、どうしてももの足りなく感じる。

乳化はコクを生む

この実験をやって、乳化は味にも違いを生むのだ、ということを痛感した。

とんこつラーメンの汁が濁っているのは脂と水分が乳化しているからだが、汁を飲むと強いコクを感じるはずだ。乳化した汁はコクをもたらすのである。乳化させたオイルソースを飲む実験で「トロリとしておいしかった」と書いたが、あれはトロトロ感が心地よかっただ

ゆで汁を入れると乳化するが（左）、水を入れただけでは油と分離したままだ（右）

けでなく、油のおかげでコクが出たソースの味そのものがおいしかったのである。

ゆで汁には小麦の旨味成分も流出している。ゆで汁と油が乳化したソースを味わうとき、旨味と油のコクが相まって、ますますおいしく感じることだろう。一方、水を使ったほうは、油がザックリと混ざった塩水にすぎない。この差は非常に大きい。

やはり水を使ったソースはダメか？　だとすれば、ゆで汁はどこから調達するのか？　まず思いついたのは、ゆで汁を薄めて使う方法だ。しかしここまでこだわって勝負ペペロンを作ってきたのだから、凡庸な妥協案で満足はしたくない。

では、どうするか。いろいろ頭をめぐらせる。10

〜15パーセント程度の濃度のゆで汁を製氷皿に入れて冷凍庫で凍らせ、常備しておいたらどうだろう？　いやいや、別鍋に普通の塩分濃度でパスタをゆでて、そのゆで汁をソースに入れたらどうだ？　じゃあ、そっちの鍋でゆでたパスタはどうなる？　うーん、こっそりあとで食べるとか？　そんなのコンロの火口が足りないし、作業がバタバタして美しくない。洗い物もガス代も増えるじゃないか……。自問自答をくり返した。

水のソースでもペペロンチーノにしてしまえば十分においしいんだし、それでもいいんじゃないか。そうあきらめかけていたのだが、この本の原稿締切日の深夜0時33分、まことに簡単な方法を思いついたのだ。

早速試すと、オイルソースに心地よいとろみがついてパスタにからみ、すばらしくいい感じ。ここにようやく最高のペペロンチーノのレシピが完成したのである。

シリアルボウルで食すべし

そのレシピを紹介する前に、ペペロンチーノを盛りつける器についても書きたい。第5章で、「ペペロンチーノにはアツアツ感が欠かせない」と書いたが、一般的に使われているパスタ皿だと、とても冷めやすい。そこで、シリアルなどを入れるボウルや、丼に盛りつけることをおすすめしたい（カバーのカラー写真）。

器はあらかじめお湯を入れて温めておく。ペペロンチーノが完成したらお湯を捨てて、パスタを盛りつける。すると器の底にはオイルソースがたまる。ちょうど上にのったパスタがフタのような役割をはたし、ソースは熱さを保つ。途中でパスタが冷めてきたら、底からグルリとかき混ぜる。するとまだ熱いソースがパスタにからみ、長時間にわたってアツアツ感を楽しめるわけだ。

せっかく乳化させたソースも時間とともに水分と油に分離してくるのだが、食べている途中でこうやってパスタを混ぜると、パスタに水分と油が同時にからんでツルツル感も再生される。さあ、いつものパスタ皿ではなく、ほどよい大きさの深い器を探してきて、いよいよペペロンチーノを完成させよう。

勝負ペペロンのレシピ

すべてのレシピの材料は１人分で、２口のコンロで作ることを想定している。コンロが３

口ある場合は、鍋やフライパンを火口からおろしたりする必要はない。

【パスタをゆでる材料】
パスタ：ディ・マルティーノ（カンパニア州ナポリ県グラニャーノ産）のヴェルミチェッリNo.5（直径2・1ミリ）100グラム
水：水道水1・5リットル
塩：にがり成分入りの海塩（粟国の塩）45グラム
パスタを洗う水：水道水1リットル
【オイルソースの材料】
油：太白ゴマ油（九鬼産業・純正太白胡麻油）20ミリリットル
ニンニク：スペイン産8グラム
唐辛子：カラブリア産の小粒のもの1個
小麦粉：できればデュラム・セモリナ1グラム
香りづけ油：エクストラ・ヴァージン・オリーブオイル（ラヴィダ）13ミリリットル

【作り方】

① ニンニクは皮をむき、根の硬い部分を切り落とす。串で芽を取り除き、断面がツルツルになるよう、包丁をゆっくり前後に動かしながら5ミリ幅に切る。

② パスタをゆでる準備をする。鍋に水と塩を入れ、フタをして強火にかける。

③ もうひとつのコンロにフライパンを置き、太白ゴマ油と①のニンニクを入れ、弱い中火にかける。油が泡立ったら、ときどき菜箸でひっくり返す。ニンニクの端が色づいてきたら火を止め、コンロからおろす。火からおろしたあとも、余熱で一部だけが焦げたりしないよう、何度か裏返す。

④ ニンニクから出てくる泡が小さくなってきたら唐辛子を入れ、菜箸で何度か裏返し、全体がまんべんなく油にからむようにする。ここに小麦粉を入れて、全体をよく混ぜ合わせる。

⑤ パスタを洗う水を入れた鍋をコンロに置き、強火にかける。パスタがゆであがるタイミングで必ず沸騰しているようにしたい。早めにわいてしまったら、弱火にするなどして時間調整する。

⑥ ⑤が沸騰したら、お湯を50ミリリットルすくい取り、④のフライパンに入れて軽く混ぜ

手順④。小麦粉を少し加えて乳化させるのが、勝負レシピのポイントだ

手順⑦。鍋にパスタを投入する時点で、ソースはほぼ完成しているのが望ましい

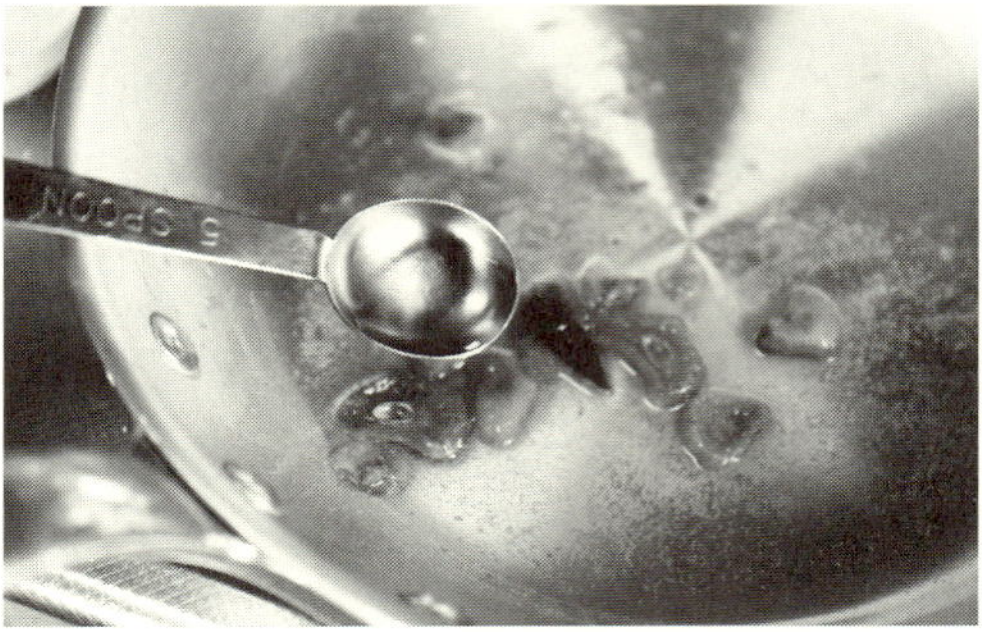

手順⑧。ゆで汁はニンニクの味付けのためだけに入れる。ニンニクを狙ってかけるイメージで

手順⑩。ゆであがったパスタを別鍋で10秒ほどゆすぎ、塩気を落とす

手順⑪。グツグツ煮立ったソースに、パスタを投入。ザルは使わず、トングで鍋からそのまま移せばいい

手順⑪。ここからはスピード勝負だ。フライパンをあおりながら、手早くオイルソースをからめていく

ておく。

⑦　②の鍋が沸騰したらパスタを入れ、10分ゆでる。再沸騰したら火を弱め、パスタ全体がゆで汁につかったらフタをする。吹きこぼれそうなら、さらに火を弱める。

⑧　ニンニクに塩味をつけるため、⑦のゆで汁小さじ1を、フライパンのニンニクの上にふりかける。これでソースの準備は完了。

⑨　ボウルなどの深い器に⑤のお湯を入れ、温めておく。

⑩　10分たったら、⑦のパスタをトングで⑤の鍋に移し、10秒ほどふり洗いする。

⑪　コンロから⑦の鍋をどけて⑧のフライパンをのせ、強火にかけ、⑩の鍋からトングでパスタを移す。30秒ほどフライパンをあおりながらソースをパスタにからめる。

⑫　火を止めてから、エクストラ・ヴァージン・オリーブオイルをかけて混ぜる。

⑬　⑨のボウルのお湯を捨て、⑫のパスタを盛って完成。

手順⑧でニンニクにゆで汁をふって味をつけるのは、パスタの塩味が強いのにニンニクに塩味がついていないと、違和感をおぼえるためだ。パスタが十分に塩辛いのでソース全体には塩味が必要ないが、ニンニクだけには味をつけておきたいのである。ソースにゆで汁を入れるというより、ニンニクの上を狙ってかけるようにしたい。

ゆで汁を使わずに乳化させる秘策は、手順④の小麦粉だった。ソースに小麦の旨味と乳化成分を加えて、擬似的なゆで汁を作るわけだ。これで乳化剤の問題は解決する。少量なのでデンプンによるとろみは気にならない程度。むしろパスタとソースのからみがよくなり、ソースの熱さも持続する。

休日ペペロンのレシピ

勝負ペペロンの完成度には絶対の自信を持っているが、「さすがに、ここまでの手間はかけたくないよ」という方もいるのではないか。そこで、もうひとつ、とっておきのレシピを紹介しておこう。

日曜日、いつもよりぜいたくなペペロンチーノが食べたい。でも、せっかくの休日なのだから、あまり面倒なことはしたくない。むしろササッと作りたい。そんな方のための「休日ペペロン」である。

勝負ペペロンでは、塩の力によってパスタのコシを強めることを最優先したので、お湯で洗って塩気を落とす工程が増えた。この面倒を避けるには、塩を減らし、パスタの際立った食感はあきらめるしかない。じゃあ、おいしいパスタが作れないかと言うと、そうではない。食感ではなく、パスタの味そのものを楽しむ方向に転換すればいいのである。勝負ペペロンより刺激性は減るが、それでも最高のペペロンチーノに仕上がる。

休日ペペロンで使うパスタは、トスカーナ産「マルテッリ」の直径2ミリのスパゲッティ。ブロンズダイス&低温乾燥のパスタである。コシが強いわけではないが、パスタ自体の味がすばらしくいい。繊細な小麦の香りがあり、旨味も強く複雑な味がする。この素材だけで、ワンランク上のパスタが作れる。

パスタの味をいかすべく、ゆでる際の塩の量は控えめにする。水1リットルに塩8グラムだから、そのまま飲めるぐらいの塩分濃度だ。そのぶん、ゆで汁でソースに味付けするときに、少しだけ塩を足してやる。

香りづけのオリーブオイルは香りや刺激の強さよりも、パスタの味をひきたてる、まろやかな味を重視したい。そこで選んだのは、「テロワール・ド・マラケシュ」というエクストラ・

ヴァージン・オリーブオイル。モロッコのアトラス・オリーブオイルスというメーカーが製造しているものだ。

このオリーブオイルは果物のような香りと、とてもまろやかな味わいがあり、マルテッリの味をひきたてる。このふたつ（本章扉の写真）が組み合わさると、ペペロンチーノ全体が旨味とコクで満たされ、上質なチーズでもかかっているような錯覚におちいるほどだ。

【パスタをゆでる材料】
パスタ：マルテッリ（トスカーナ州ピサ県ラーリ産）のスパゲッティ（直径２・０ミリ）
　　１００グラム
水：水道水1リットル
塩：にがり成分入りの海塩（粟国の塩）８グラム
【オイルソースの材料】
油：太白ゴマ油（九鬼産業・純正太白胡麻油）20ミリリットル
ニンニク：スペイン産8グラム

唐辛子：鷹の爪半分、またはカラブリア産の小粒のもの1個
塩：にがり成分入りの海塩（粟国の塩）2グラム
香りづけ油：エクストラ・ヴァージン・オリーブオイル（アトラス・オリーブオイルス社テロワール・ド・マラケシュ）13ミリリットル

【作り方】

① ニンニクは皮をむき、根の硬い部分を切り落とす。串で芽を取り除き、断面がツルツルになるよう、包丁をゆっくり前後に動かしながら5ミリ幅に切る。鷹の爪は半分にちぎり、種を取り除く。カラブリア産の小粒のものを使う場合はそのまま。

② パスタをゆでる準備をする。鍋に水と塩を入れ、フタをして強火にかける。

③ フライパンに太白ゴマ油と①のニンニクを入れ、弱い中火にかける。油が泡立ったら、ときどき菜箸でひっくり返す。ニンニクの端が色づいてきたら火を止め、余熱で一部だけが焦げたりしないよう、何度か裏返す。

④ ニンニクから出てくる泡が小さくなってきたら唐辛子を入れ、菜箸で何度か裏返し、全体がまんべんなく油にからむようにする。

⑤　②の鍋が沸騰したらパスタを入れ、11分ゆでる。再沸騰したら火を弱め、パスタ全体がゆで汁につかったらフタをする。吹きこぼれそうなら、さらに火を弱める。

⑥　10分30秒ほどたったら、⑤のゆで汁50ミリリットルとオイルソース用の塩を④のフライパンに加え、再度強火にかけて煮立たせる。

⑦　ボウルなどの深い器に⑤のゆで汁を入れ、温めておく。

⑧　さらに30秒たったら⑤のパスタをトングでつかみ、⑥のフライパンに移す。30秒ほどフライパンをあおりながらソースをパスタにからめる。

⑨　火を止めてから、エクストラ・ヴァージン・オリーブオイルをかけて混ぜる。

⑩　⑦のボウルのお湯を捨て、⑨のパスタを盛って完成。

時短ペペロンのレシピ

本書をとおして、最高のペペロンチーノを作る方法を探してきた。私なりの最終回答が、勝負ペペロン・休日ペペロンの２レシピである。

ただ、このまま終わるのはもったいない気がしている。旅の途中では、予想もしない数々の発見があったからだ。副産物ともいえるこれらの知見をパスタ作りにいかせば、たとえ最高の味でなくても、読者に資するところがあるのではないか？　そう考えたので、さらにふたつのレシピを紹介しておく。

まずは、調理時間を徹底的に節約する「時短ペペロン」のレシピだ。第4章で紹介した「水を減らす＋水からゆでる」の合わせ技を使えば、調理時間は驚くほど短くなる。時短が最優先なので、細くて早くゆであがるスパゲッティーニを使い、しかも半分に折る。水からゆでてもコシが出るよう、テフロンダイス＆高温乾燥のパスタを選んだ。

ソースは時短のしようがないので、休日ペペロンと同じ作り方だ。味へのこだわりは最優先課題でないと考えれば、塩や油といった材料は手元にあるものを用いればいいだろう。

【パスタをゆでる材料】
パスタ：バリラのスパゲッティーニ（直径1・4ミリ）100グラム
水：水道水350ミリリットル
塩：3グラム

【オイルソースの材料】

油：太白ゴマ油20ミリリットル

ニンニク：８グラム

唐辛子：鷹の爪など半分

塩：２グラム

香りづけ油：エクストラ・ヴァージン・オリーブオイル13ミリリットル

【作り方】

① ニンニクは皮をむき、根の硬い部分を切り落とす。串で芽を取り除き、断面がツルツルになるよう、包丁をゆっくり前後に動かしながら5ミリ幅に切る。鷹の爪は半分にちぎり、種を取り除く。

② フライパンに太白ゴマ油と①のニンニクを入れ、弱い中火にかける。油が泡立ったら、ときどき菜箸でひっくり返す。ニンニクの端が色づいてきたら火を止め、余熱で一部だけが焦げたりしないよう、何度か裏返す。

③ ニンニクから出てくる泡が小さくなってきたら唐辛子を入れ、菜箸で何度か裏返し、全

体がまんべんなく油にからむようにする。

④　鍋に水と塩、半分に折ったパスタを入れ、フタをして強火にかける。パスタが少しやわらかくなったらトングで軽く混ぜ、沸騰したら弱火にする。火をつけてから7分ゆでる。

⑤　6分30秒ほどたったら、ゆで汁50ミリリットルとオイルソース用の塩を③のフライパンに加え、再度強火にかけて煮立たせる。

⑥　さらに30秒たったら、パスタをザルにあげてから（折ったパスタはトングでつかみにくいので）、⑤のフライパンに移す。30秒ほどフライパンをあおりながらソースをパスタにからめる。

⑦　火を止めてから、エクストラ・ヴァージン・オリーブオイルをかけて混ぜる。パスタをボウルに盛って完成。

生パスタ風ペペロンのレシピ

ラストは、第4章で「すごくおいしい」と書いた、水につけたパスタで作る「生パスタ風ペペロン」のレシピだ。モチモチとしながらアルデンテの食感もあり、ほかのレシピでは出せない味わいがうれしい。

トータルで1時間以上かかり、いわば時短ペペロンの対極にあるレシピだが、そのほとんどはパスタが水を吸うのを待つ時間。実際の調理時間は時短レシピより短く、実に手軽に生パスタ風の味を楽しむことができる。

パスタは好みのものを使えばいい。手軽さ優先ということで、ほかの素材も銘柄などは特に指定しない。

【パスタをゆでる材料】
パスタ：100グラム
パスタをつける水：水道水200ミリリットル
パスタをゆでる水：水道水300ミリリットル
塩：2・5グラム
【オイルソースの材料】
油：太白ゴマ油20ミリリットル

ニンニク：8グラム
唐辛子：鷹の爪など半分
塩：2.5グラム
香りづけ油：エクストラ・ヴァージン・オリーブオイル13ミリリットル

【作り方】

① パスタと水を食品用のジップ付ポリ袋に入れ、1時間置いておく。
② ニンニクは皮をむき、根の硬い部分を切り落とす。串で芽を取り除き、断面がツルツルになるよう、包丁をゆっくり前後に動かしながら5ミリ幅に切る。鷹の爪は半分にちぎり、種を取り除く。
③ フライパンに太白ゴマ油と②のニンニクを入れ、弱い中火にかける。油が泡立ったら、ときどき菜箸でひっくり返す。ニンニクの端が色づいてきたら火を止め、余熱で一部だけが焦げたりしないよう、何度か裏返す。
④ ニンニクから出てくる泡が小さくなってきたら唐辛子を入れ、菜箸で何度か裏返し、全体がまんべんなく油にからむようにする。

⑤　鍋に水と塩を入れ、フタをして強火にかける。沸騰したら①のパスタを入れ、３分30秒ゆでる。トングで軽く混ぜて、再沸騰したら火を弱める。

⑥　３分ほどたったら、⑤のゆで汁50ミリリットルとオイルソース用の塩を④のフライパンに加える。再度、強火にかけて煮立たせる。

⑦　さらに30秒たったら、⑤のパスタをトングでつかみ、⑥のフライパンに移す。30秒ほどフライパンをあおりながらソースをパスタにからめる。

⑧　火を止めてから、エクストラ・ヴァージン・オリーブオイルをかけて混ぜる。パスタをボウルに盛って完成。

実は、さらなる「お手軽生パスタ風ペペロン」のレシピも考えていた。一晩水につけたパスタを水洗いし、ゆでずにそのままフライパンへ投入するのである。フライパンでニンニクを色づけて唐辛子を入れたあと、水２５０ミリリットルと塩３グラムを加える。このソースを強火にかけてパスタを投入すると、２分ほどで火がとおる。

アルデンテの食感はないが弾力はある。ただ、パスタから流れ出たデンプンのせいでソースにとろみがついてしまう。なんとなく長崎チャンポンを彷彿とさせる味で、もやしやキャベツを猛烈に入れたくなる。「ペペロンチーノらしさ」は減るので採用しなかったが、興味のある方は試してみてもいいだろう。

以上が、私が最終的に行き着いたレシピである。今後も実験をつづけるなかで、レシピは進化していくだろう。新たな実験やそれによる発見、新しいレシピについては、私のブログ「キッチン仮説」(http://kitchen.hatenablog.jp/)にて随時更新していく予定だ。本書に収めきれなかった解説なども掲載している。皆さまからのご意見も、このブログにお寄せいただければ幸いだ。

なお、本書を執筆するにあたっては、多くの人たちの研究に頼った。スペースの都合でここで紹介することはできないが、ウェブサイト(http://saruhachi.net/pasta/)に書名・論文名とともに掲載している。最後になったが、あらためて感謝の気持ちを伝えたい。

土屋 敦 つちや・あつし

料理研究家、ライター。1969年東京都生まれ。慶応大学経済学部卒業。出版社で週刊誌編集ののち寿退社。京都での主夫生活を経て中米各国に滞在、ホンジュラスで災害支援NGOを立ち上げる。その後佐渡島で半農生活を送りつつ、情報サイト・オールアバウトの「男の料理」ガイドを務め、雑誌等の書評執筆を開始。現在は山梨の仕事場で畑仕事をしながら執筆活動を行う他、書評サイトHONZの編集長。自称「書斎派パスタ求道者」。著書に『なんたって、豚の角煮』他。

日経プレミアシリーズ｜247

男《おとこ》のパスタ道《どう》

二〇一四年六月九日　一刷

著者　土屋 敦

発行者　斎藤修一

発行所　日本経済新聞出版社
http://www.nikkeibook.com/
東京都千代田区大手町一—三—七　〒一〇〇—八〇六六
電話（〇三）三二七〇—〇二五一（代）

装幀　ベターデイズ

印刷・製本　凸版印刷株式会社

ISBN 978-4-532-26247-1　Printed in Japan

日経プレミアシリーズ196

ロジカルな田んぼ

松下明弘

雑草はなぜ生えるのか、なんのために耕すのか、なぜ田植えが必要なのか……。有機・無農薬で米を作り、巨大胚芽米「カミアカリ」を開発した著者の農作業には、すべて意味がある。農薬と化学肥料に頼らず、おいしい米を追求する「稲オタク」が語る新しい農業のかたち。

日経プレミアシリーズ224

金遣いの王道

林　望　岡本和久

育ち方がおカネの遣い方に表れる瞬間、「貯める」と「増やす」は分けて考える、60歳を過ぎたら「減蓄」するべし……日頃のおカネの遣い方に始まり、今の日本の問題点、江戸時代に学ぶ教訓まで。リンボウ先生と投資のプロフェッショナルが対談。思わず膝を打つような、ヒントや蘊蓄が満載！

日経プレミアシリーズ236

宇宙飛行士の仕事力

林　公代

数百倍の選抜試験を突破して何年も厳しい訓練に耐え、生命の危険と隣り合わせの宇宙空間で高度な任務をこなす宇宙飛行士。知力はもちろん判断力、リーダーシップ、協調性、忍耐力まで、地球代表スーパーエリートの「仕事力」の伸ばし方を徹底解剖。